AF351010

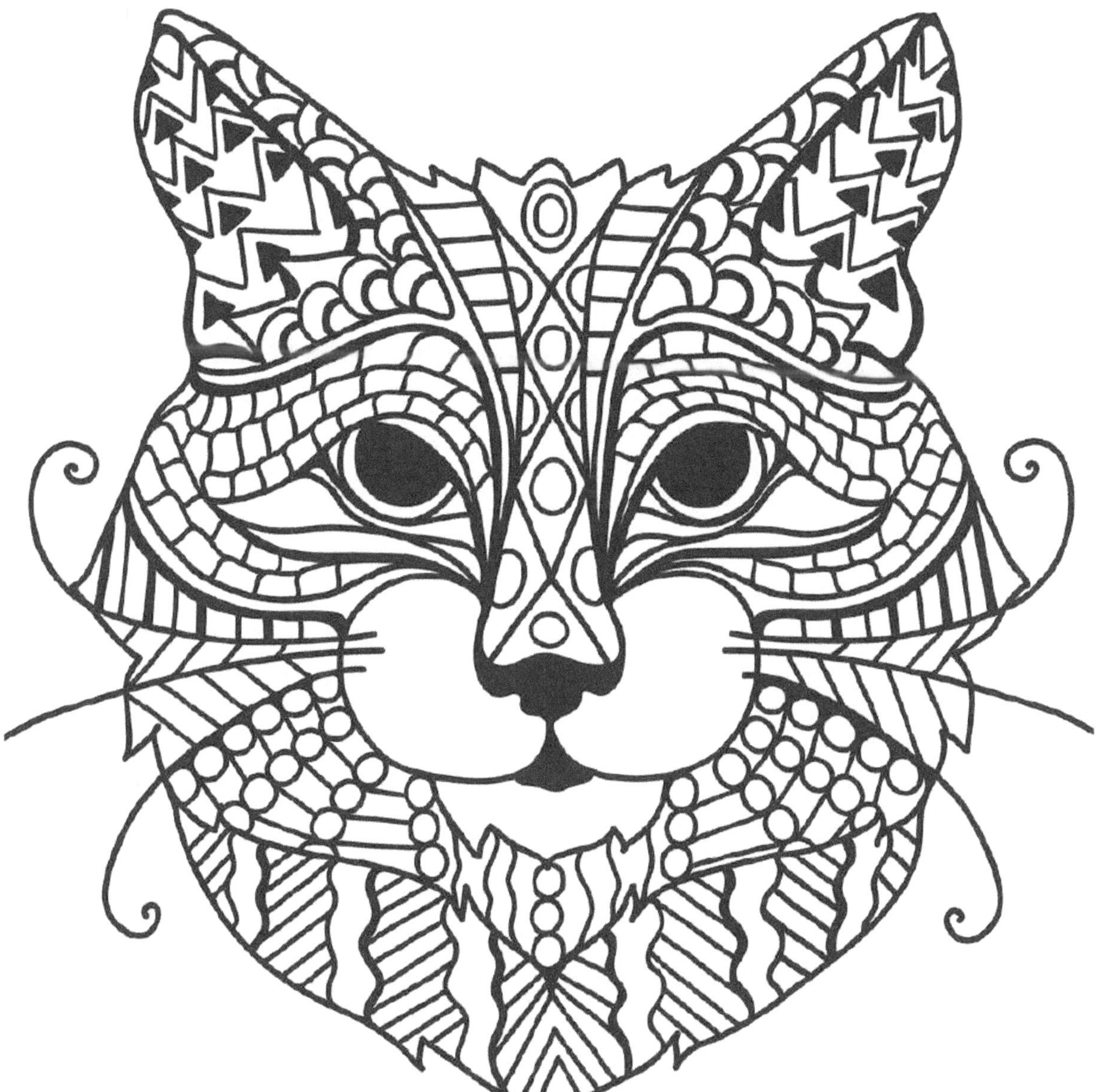

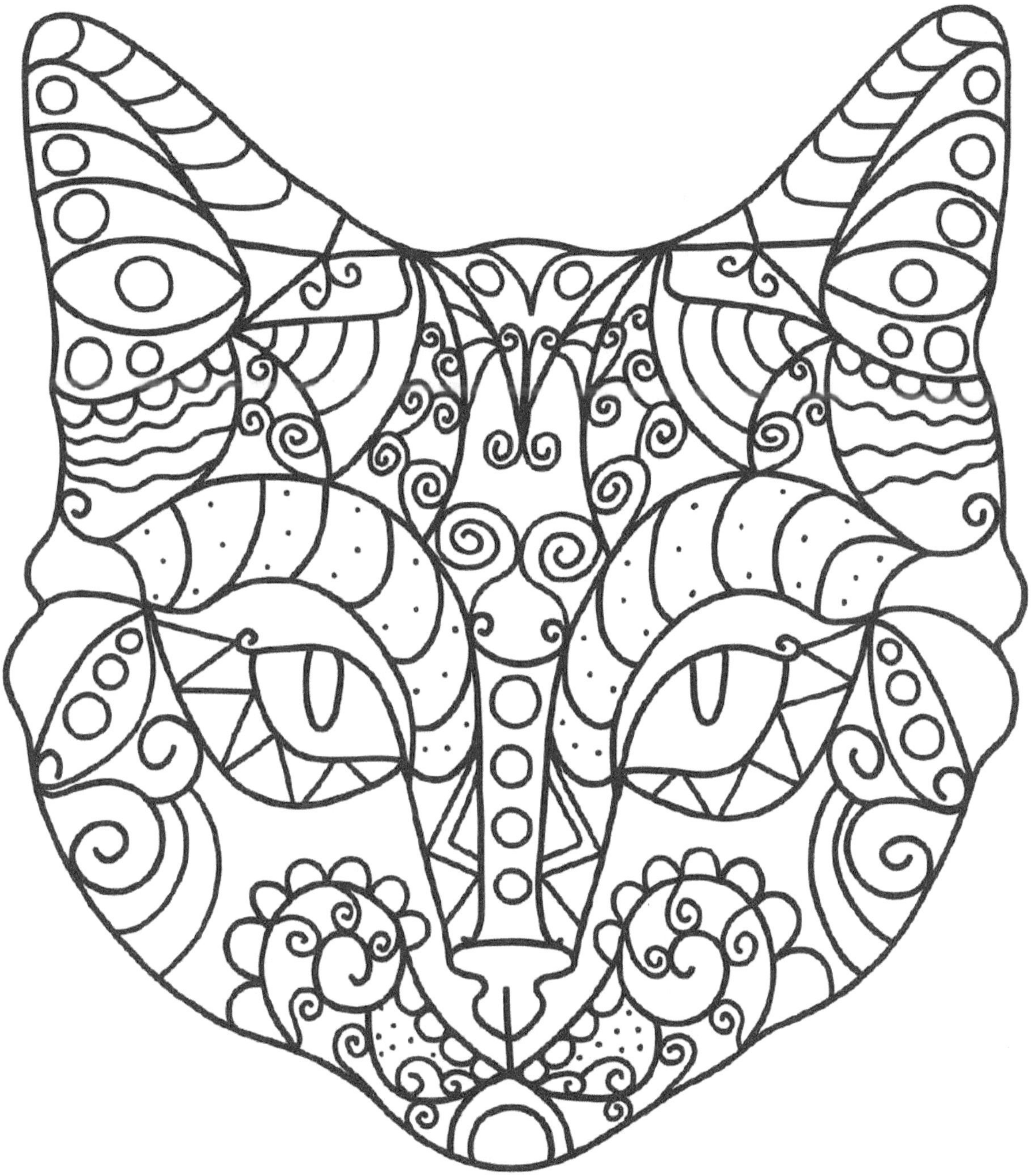

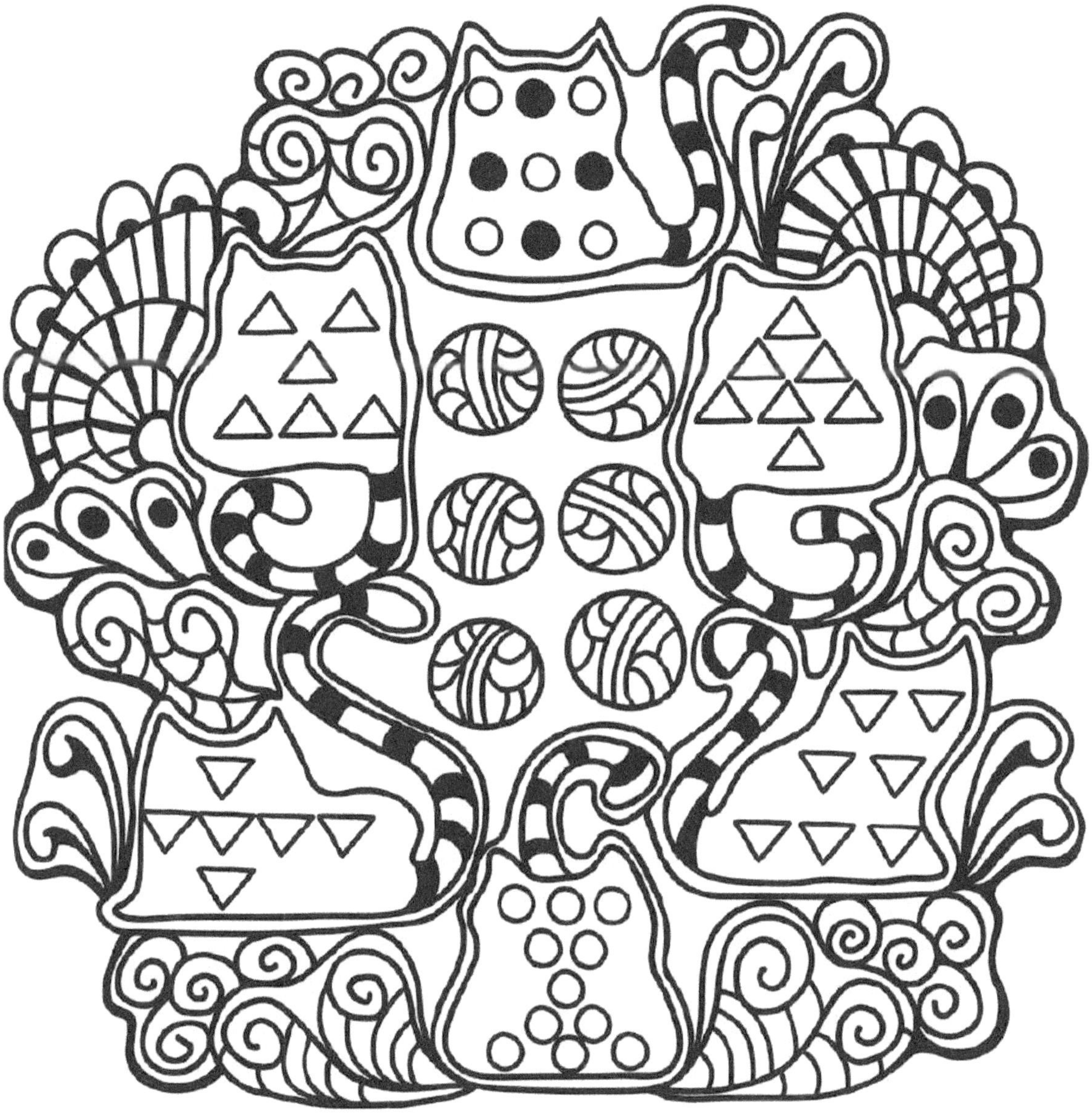

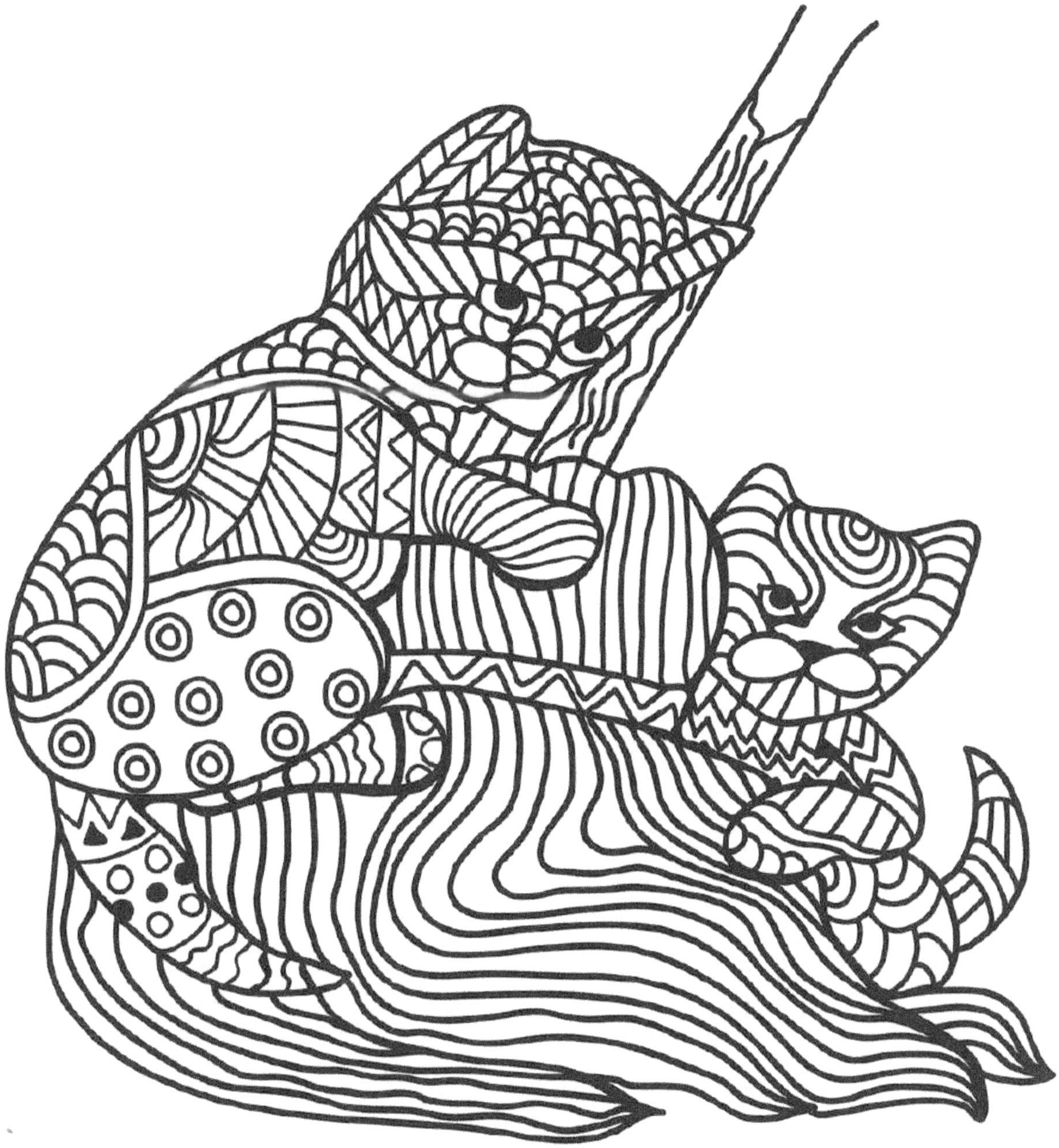

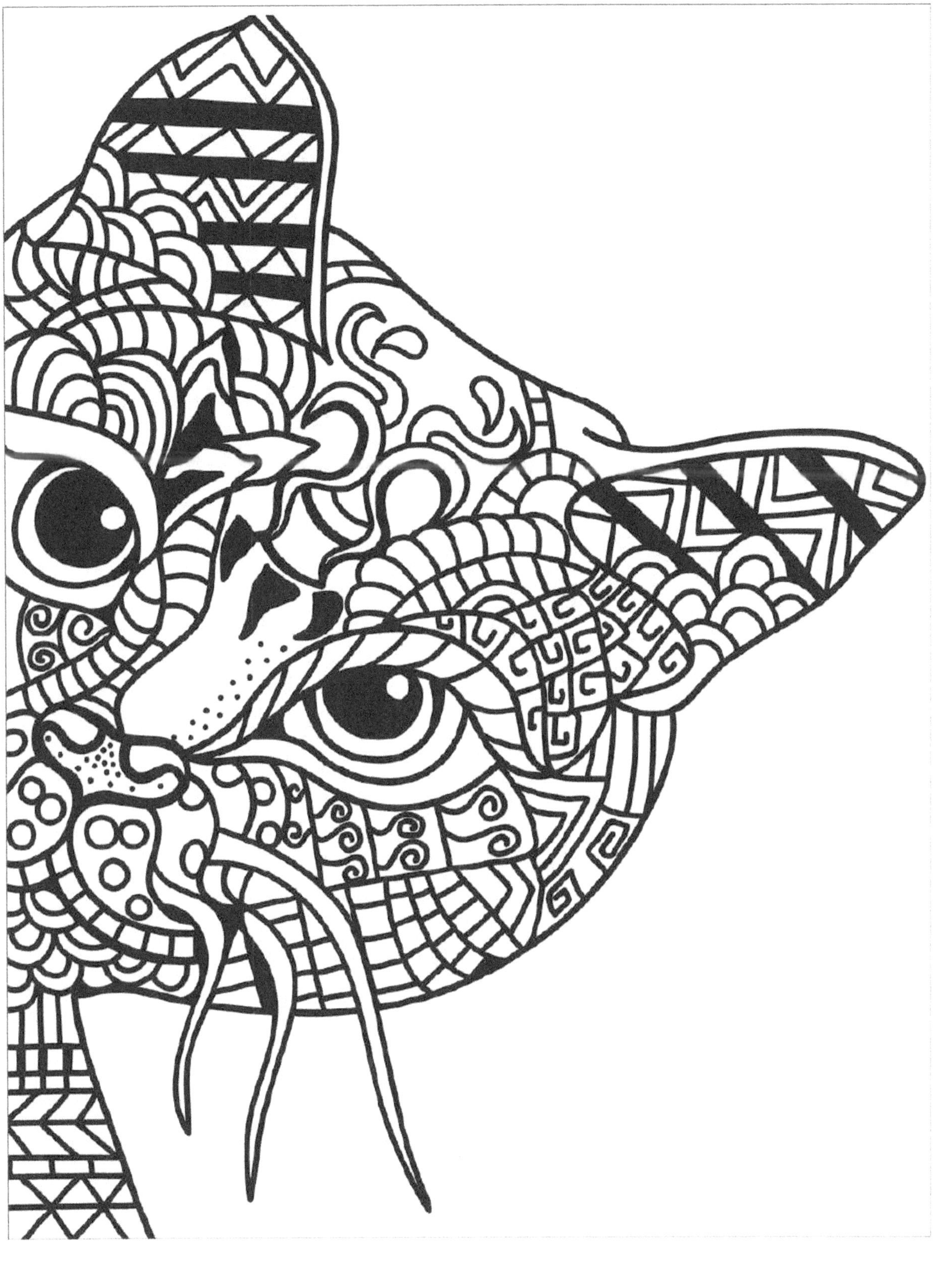

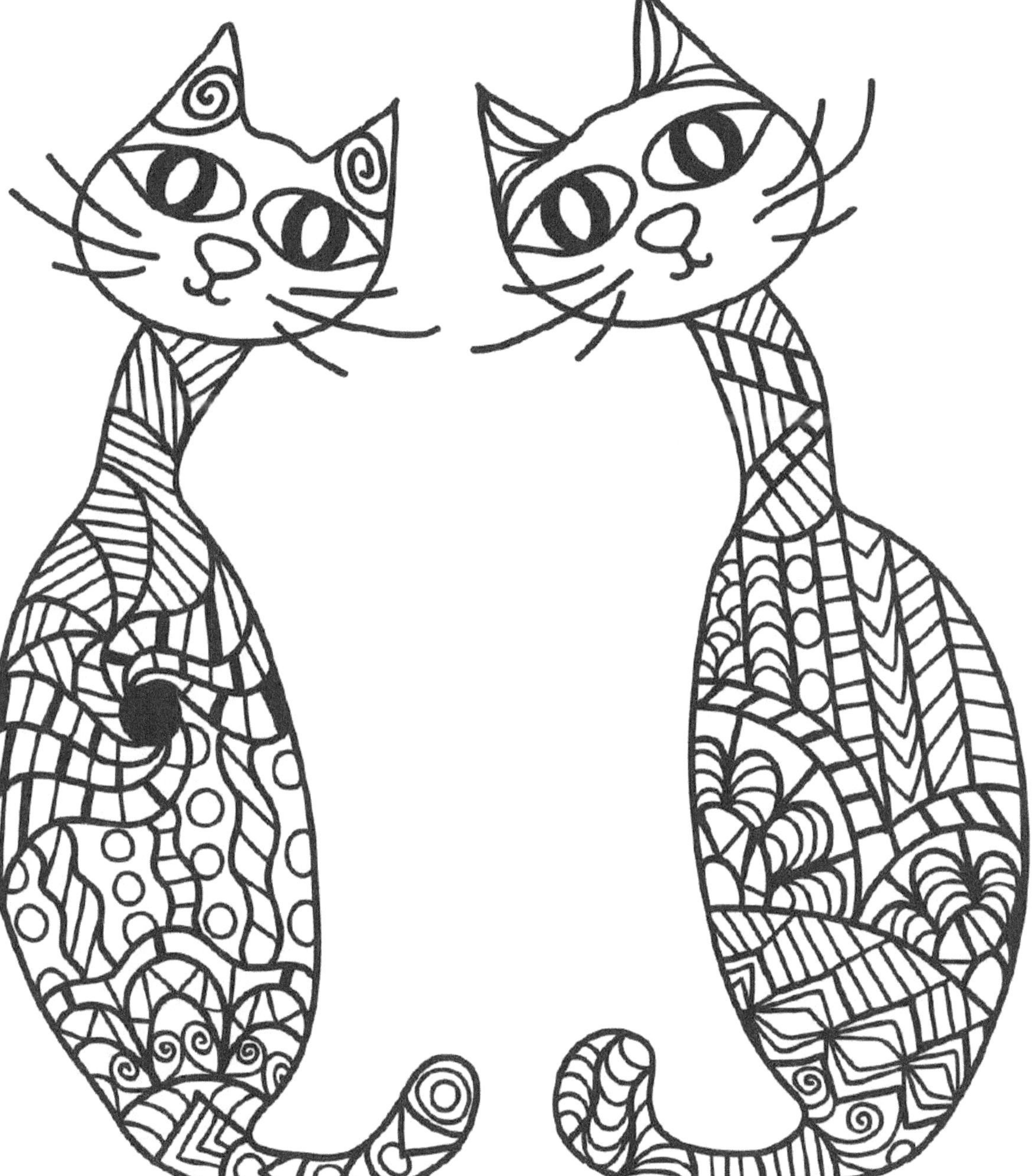

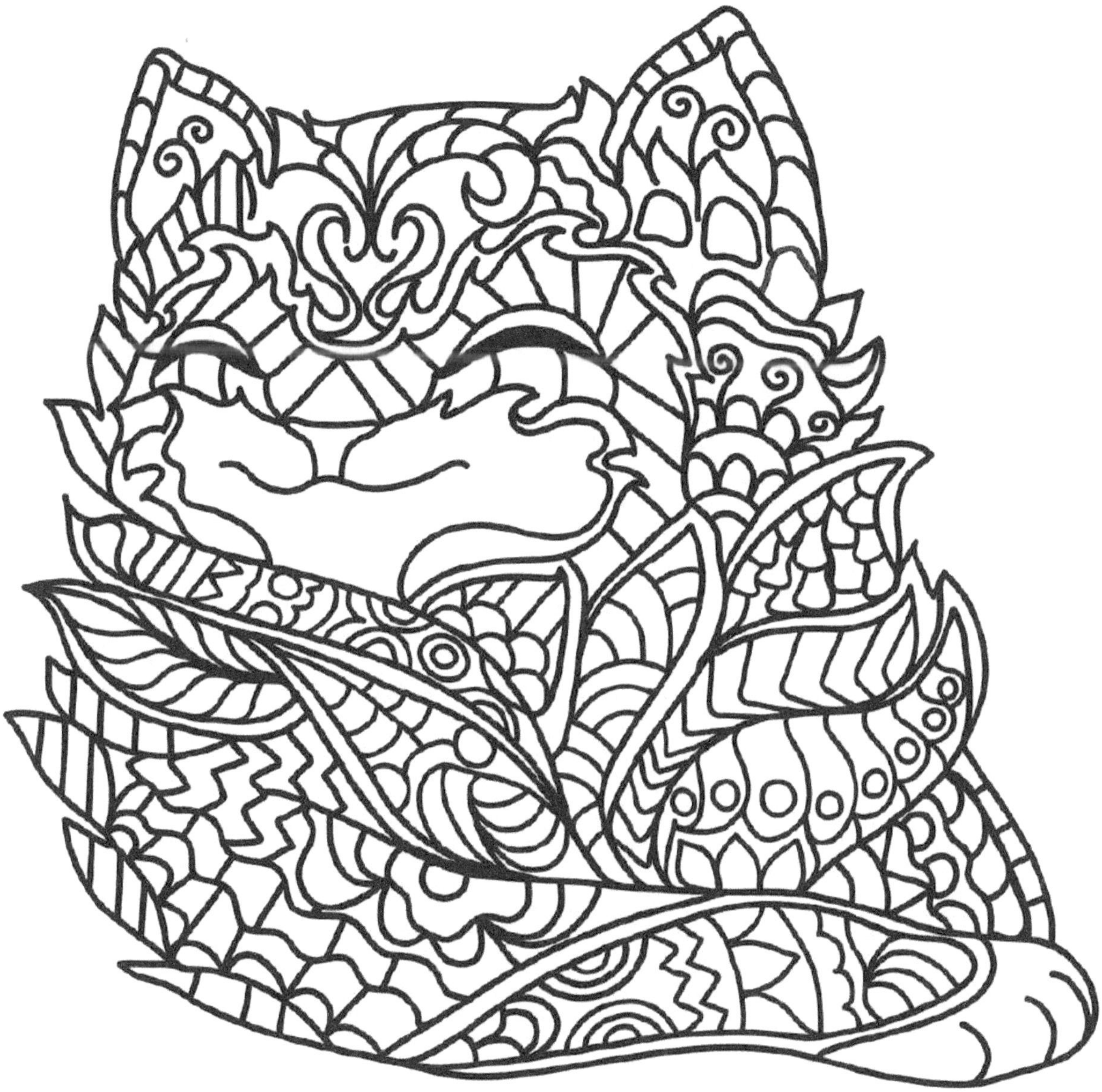

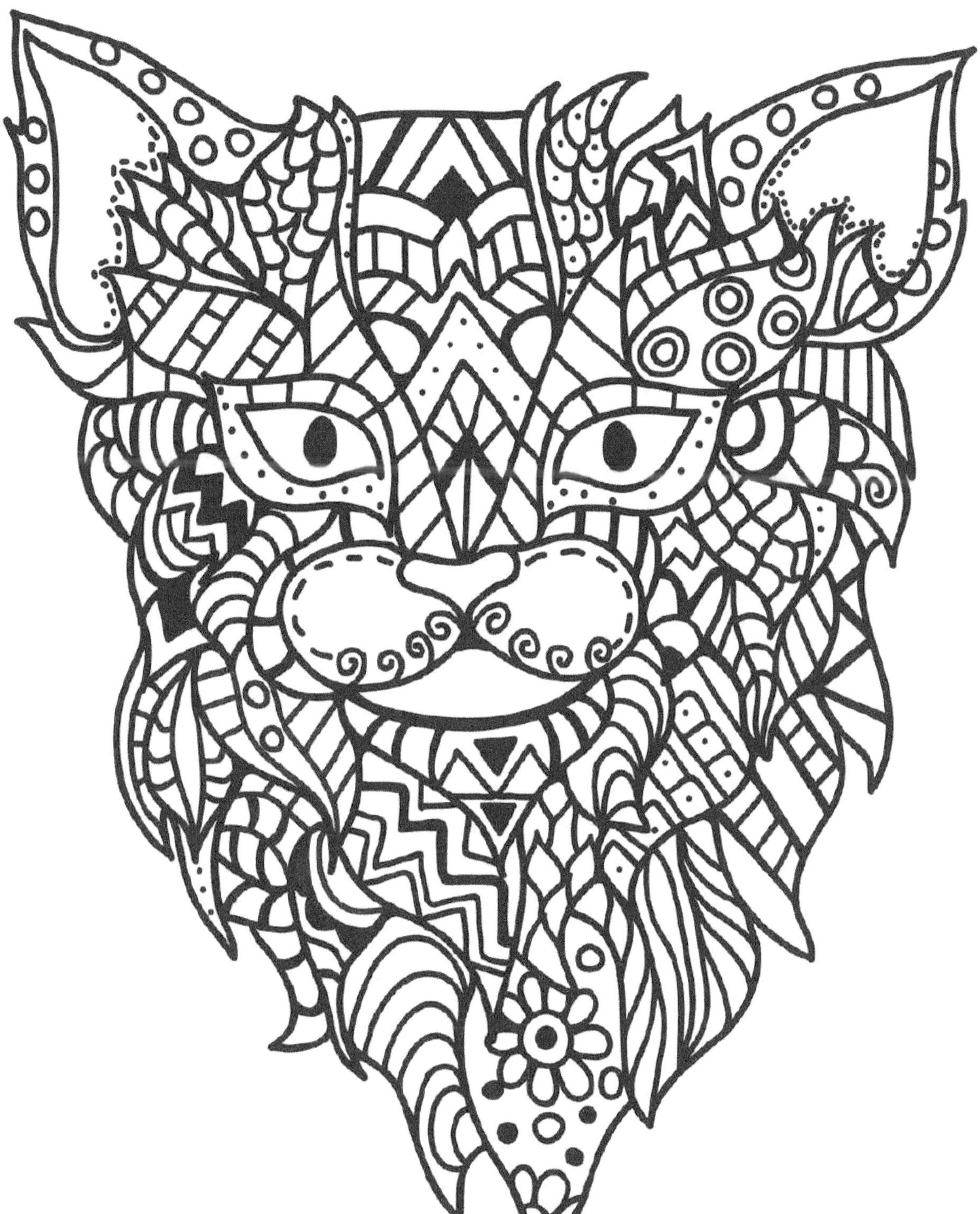

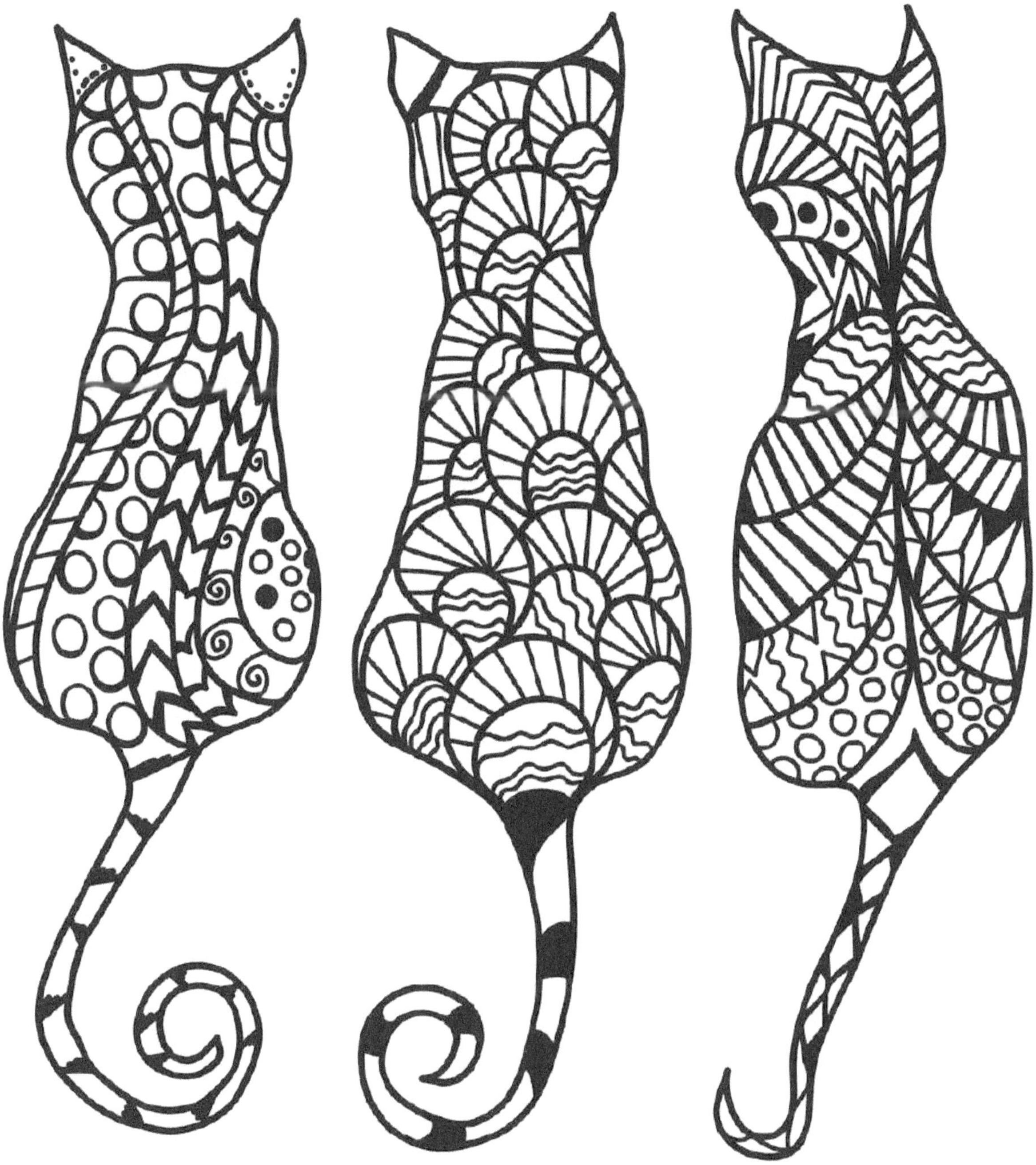

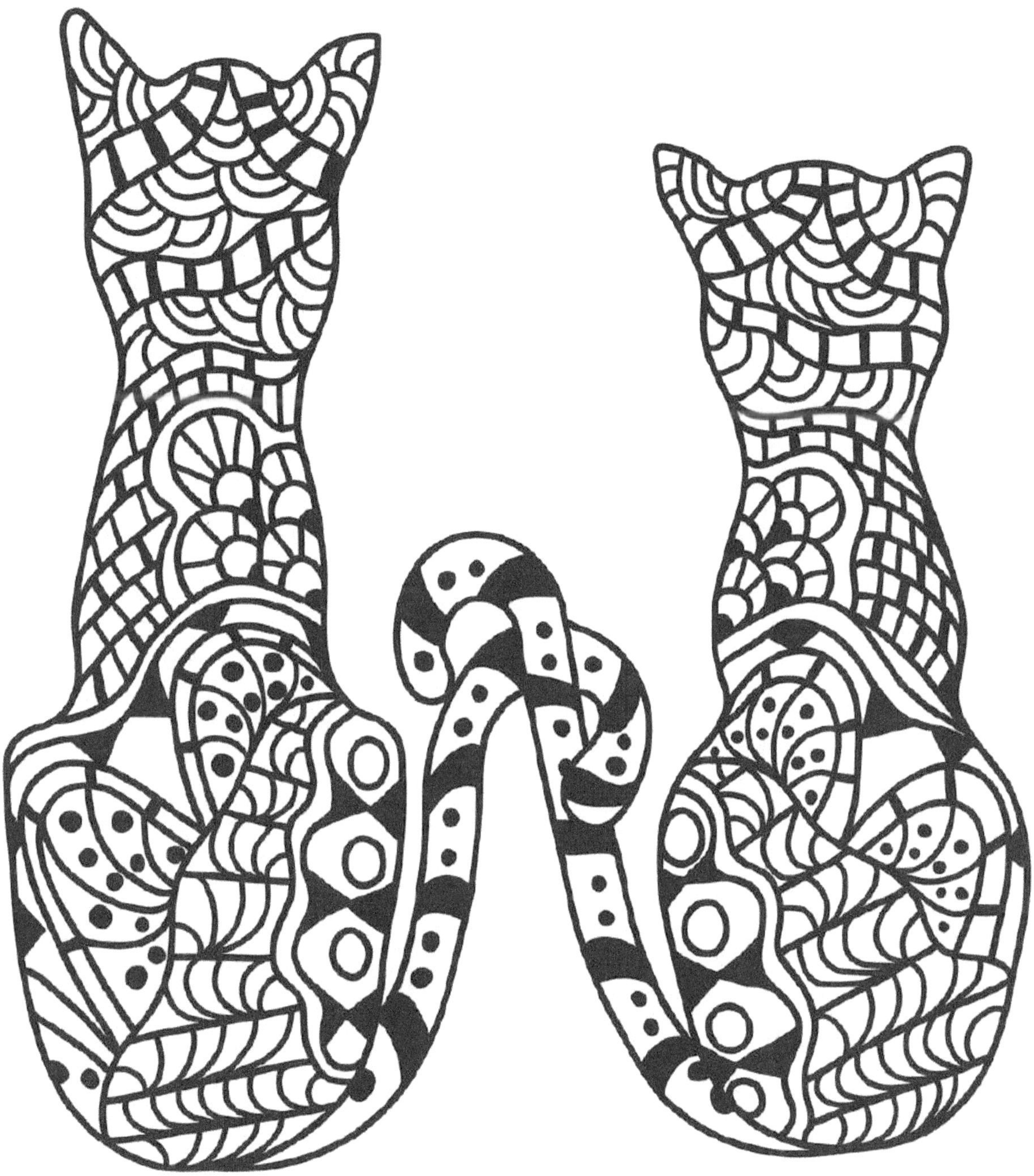

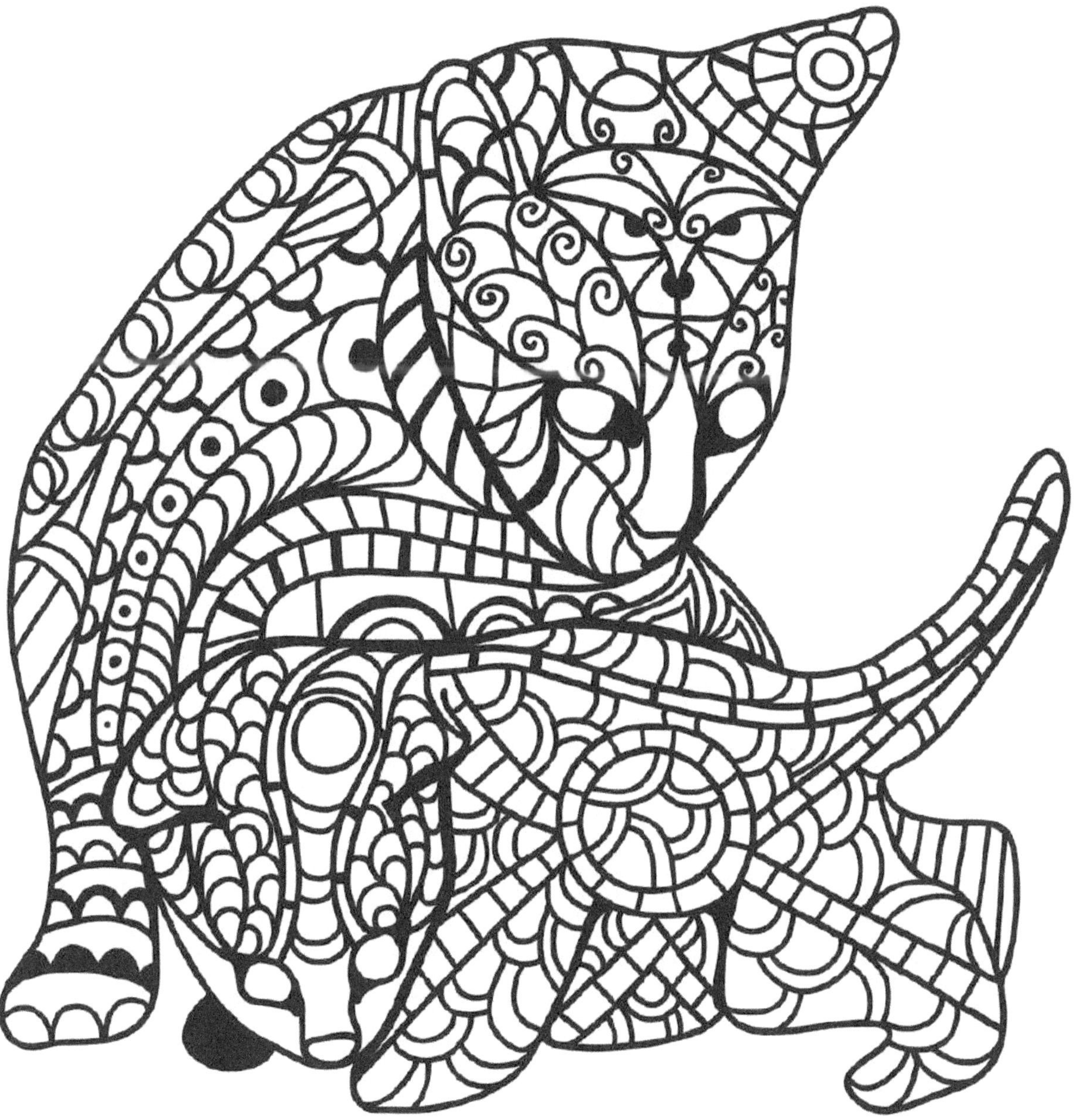

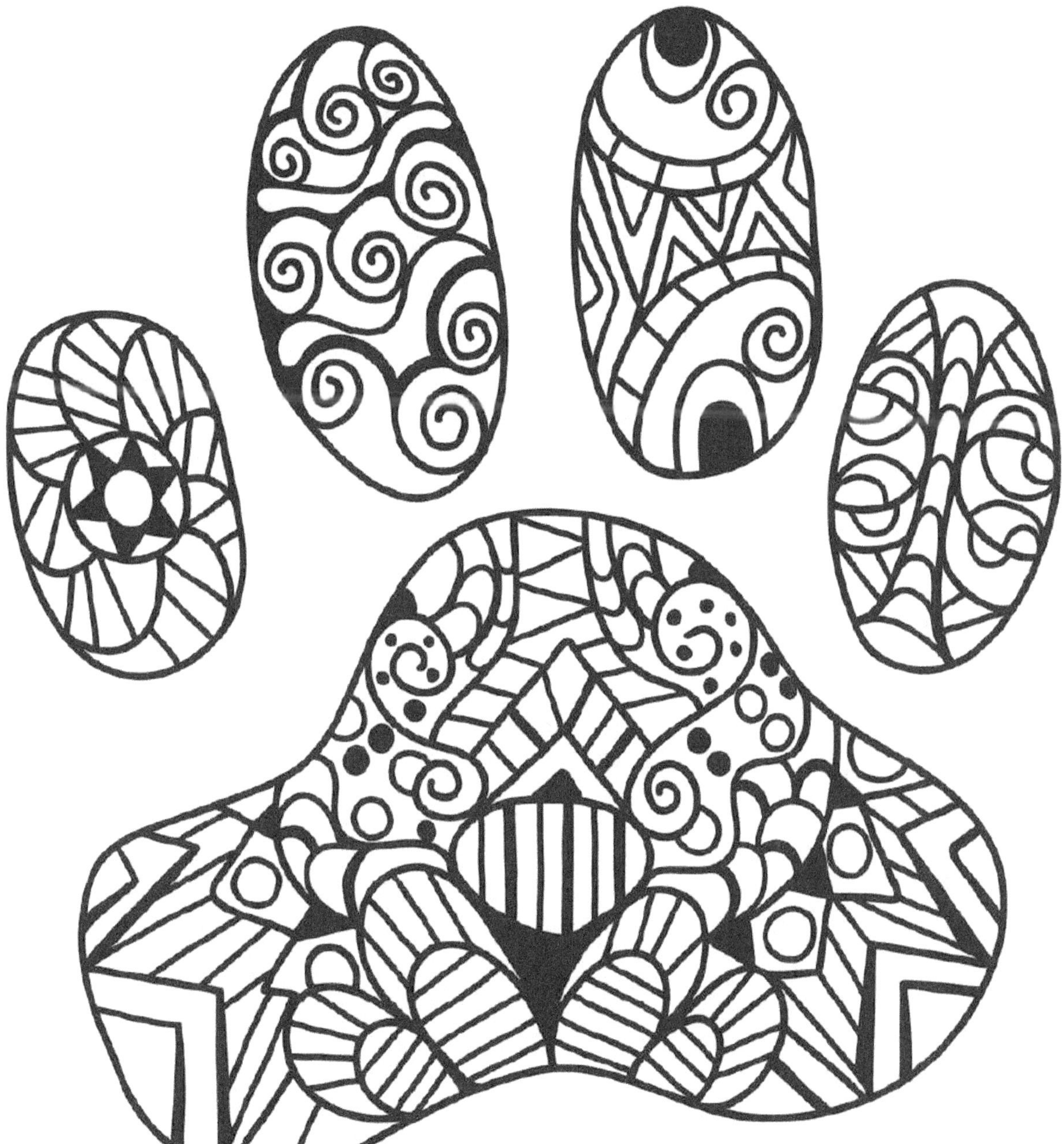

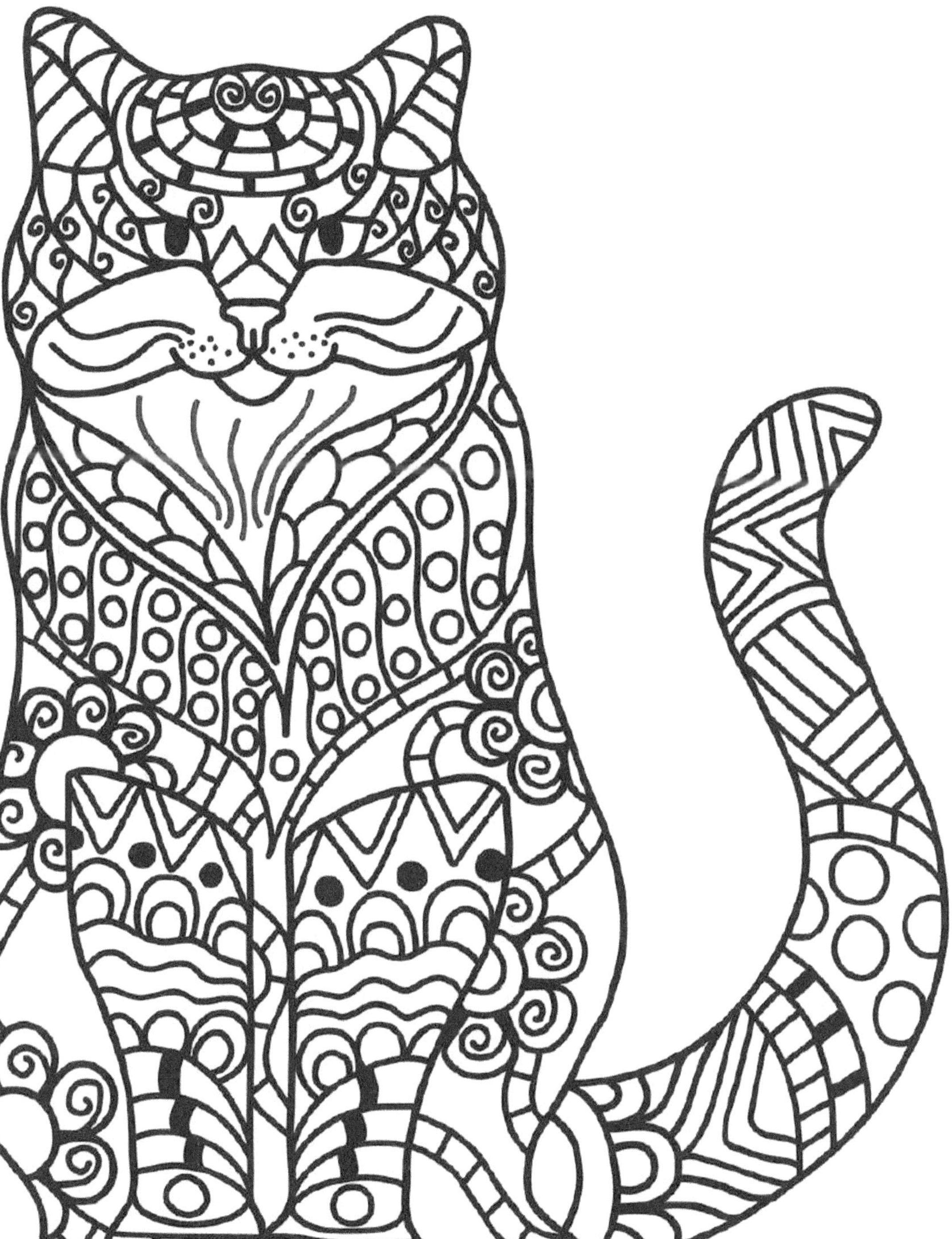

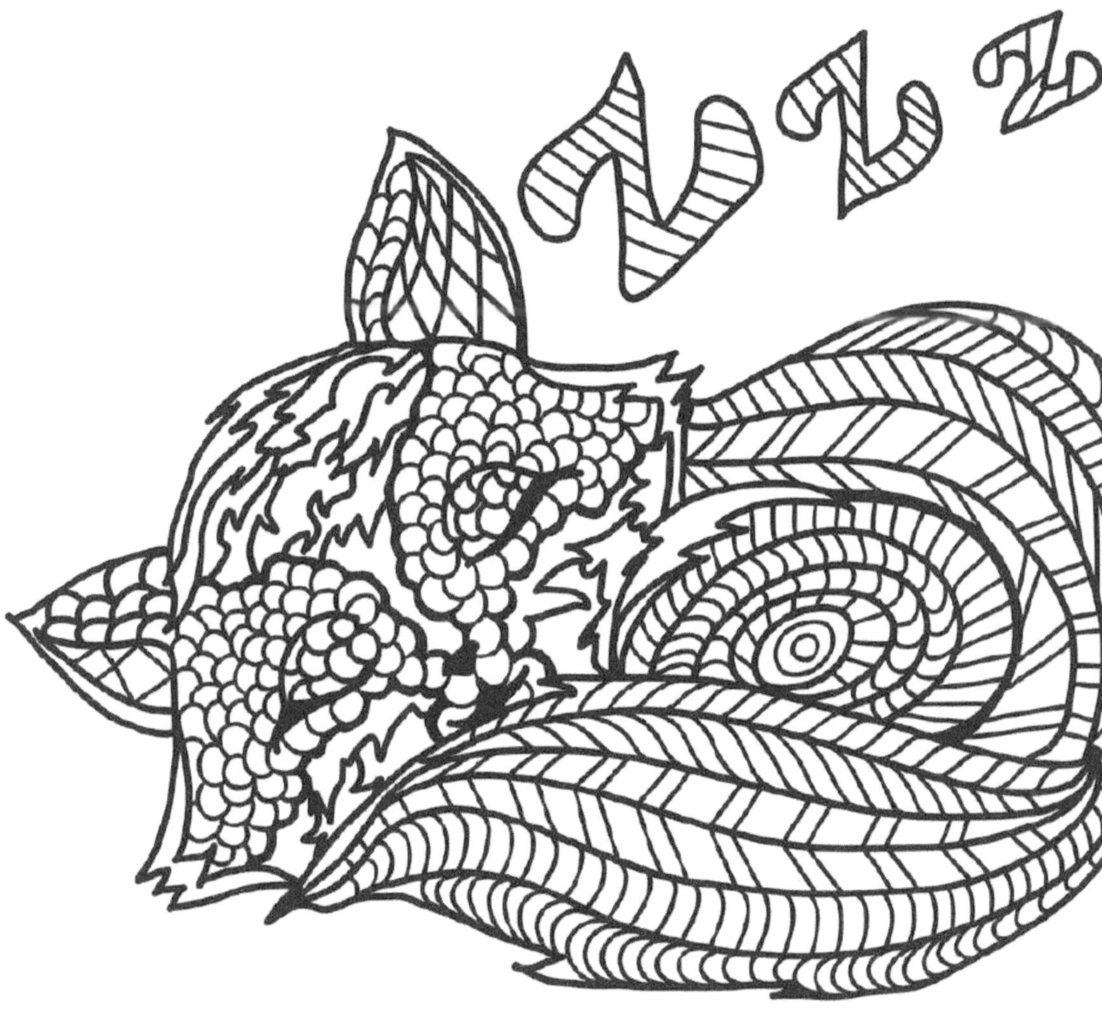
Zzz

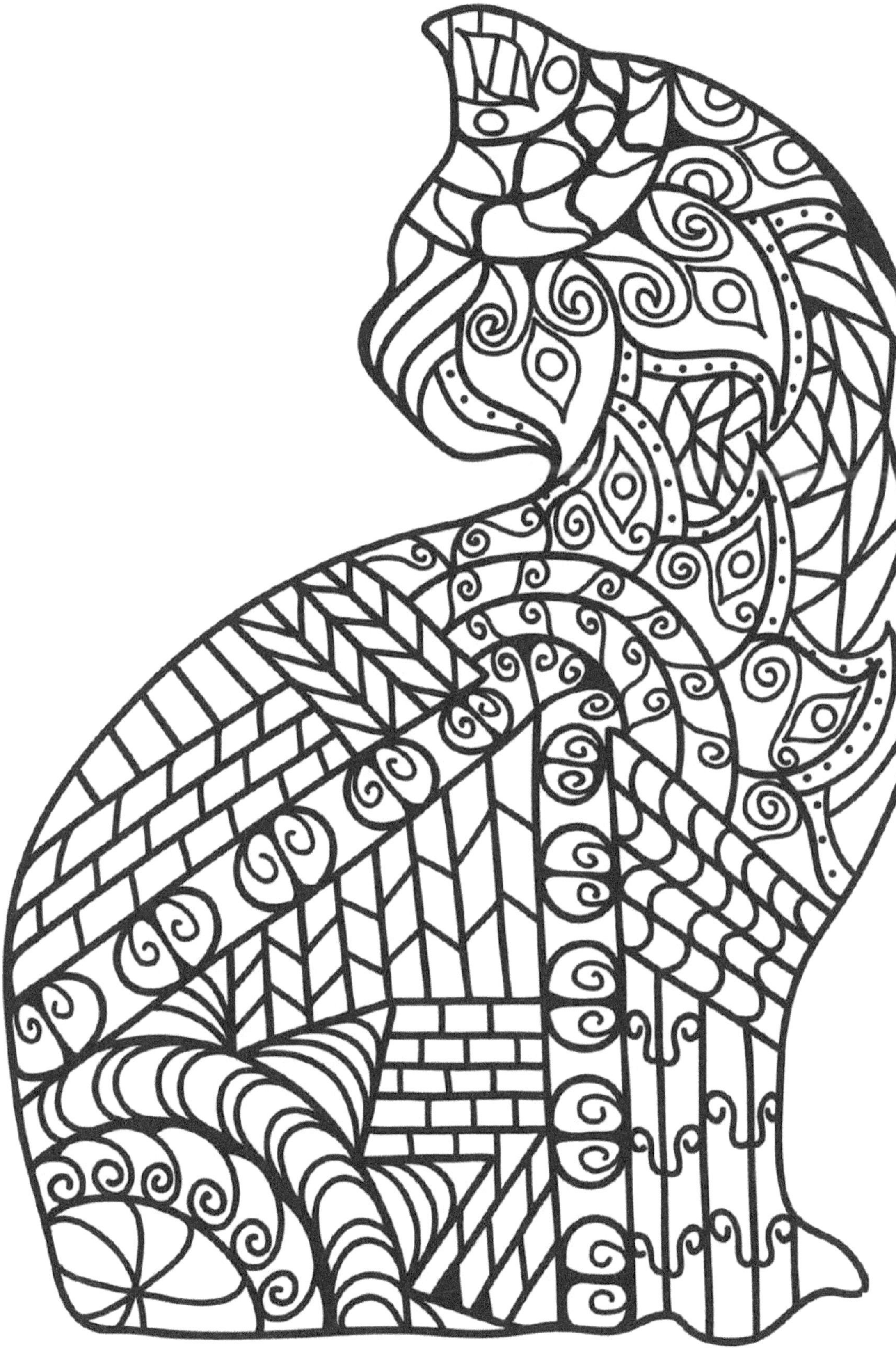

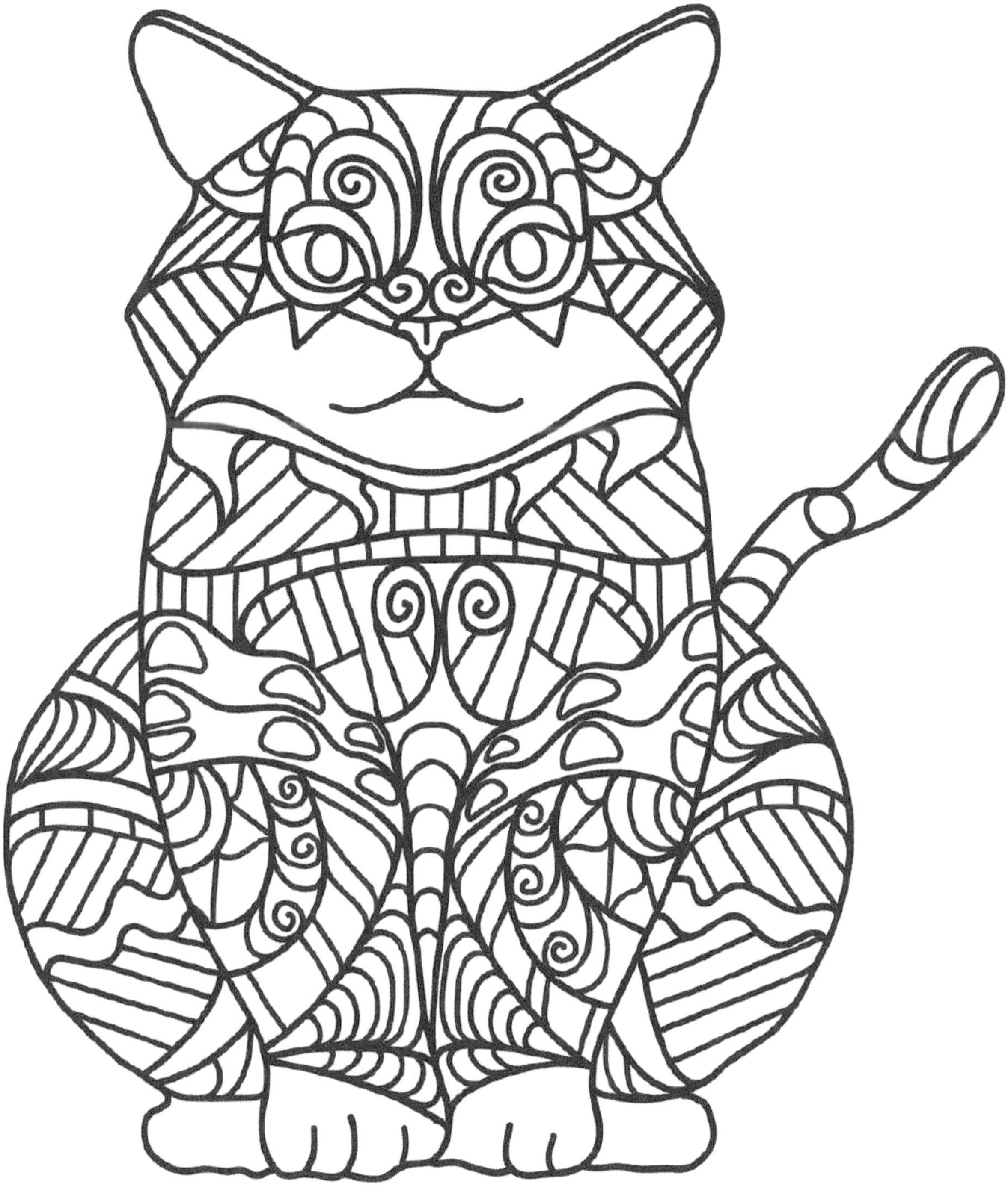

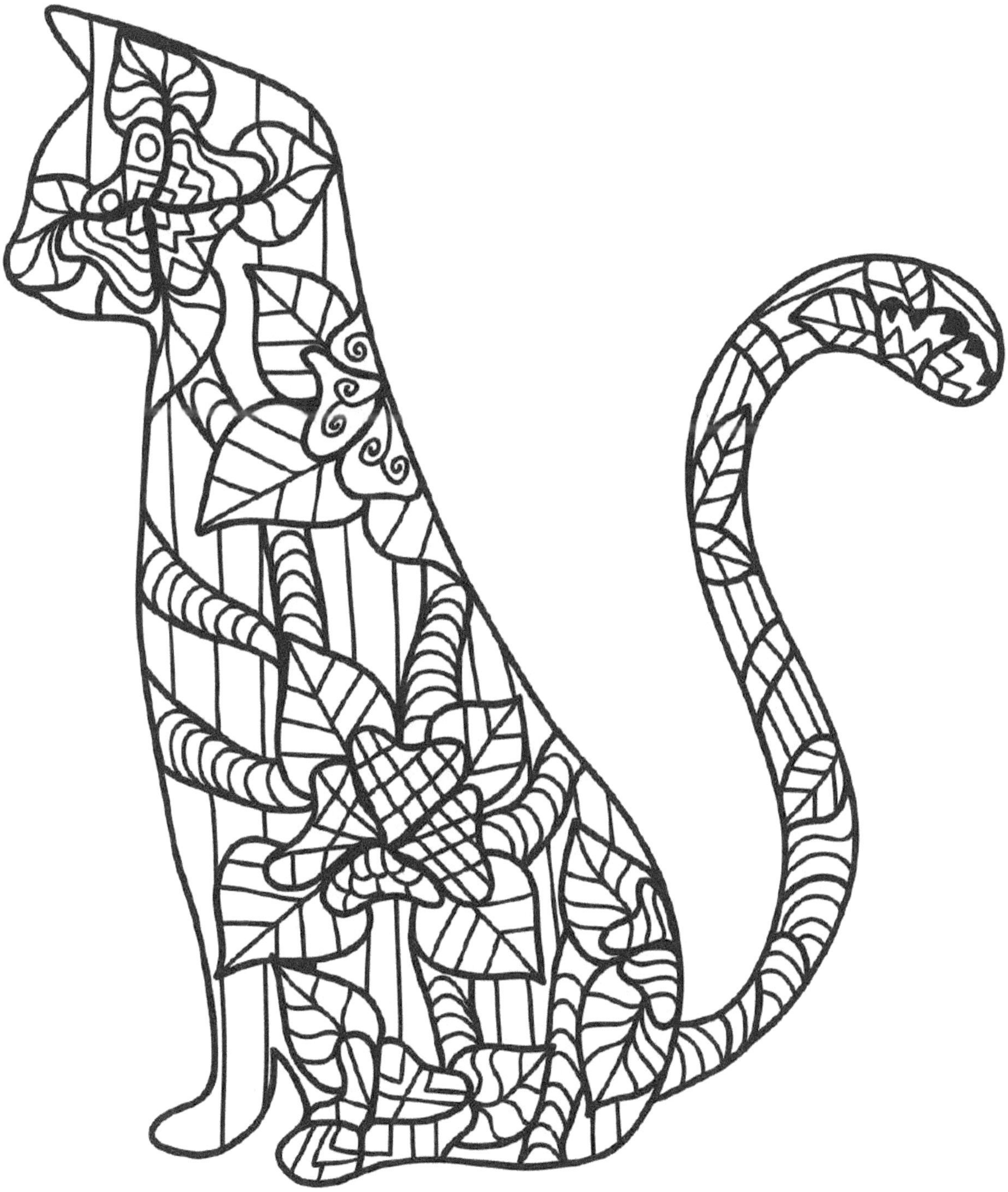

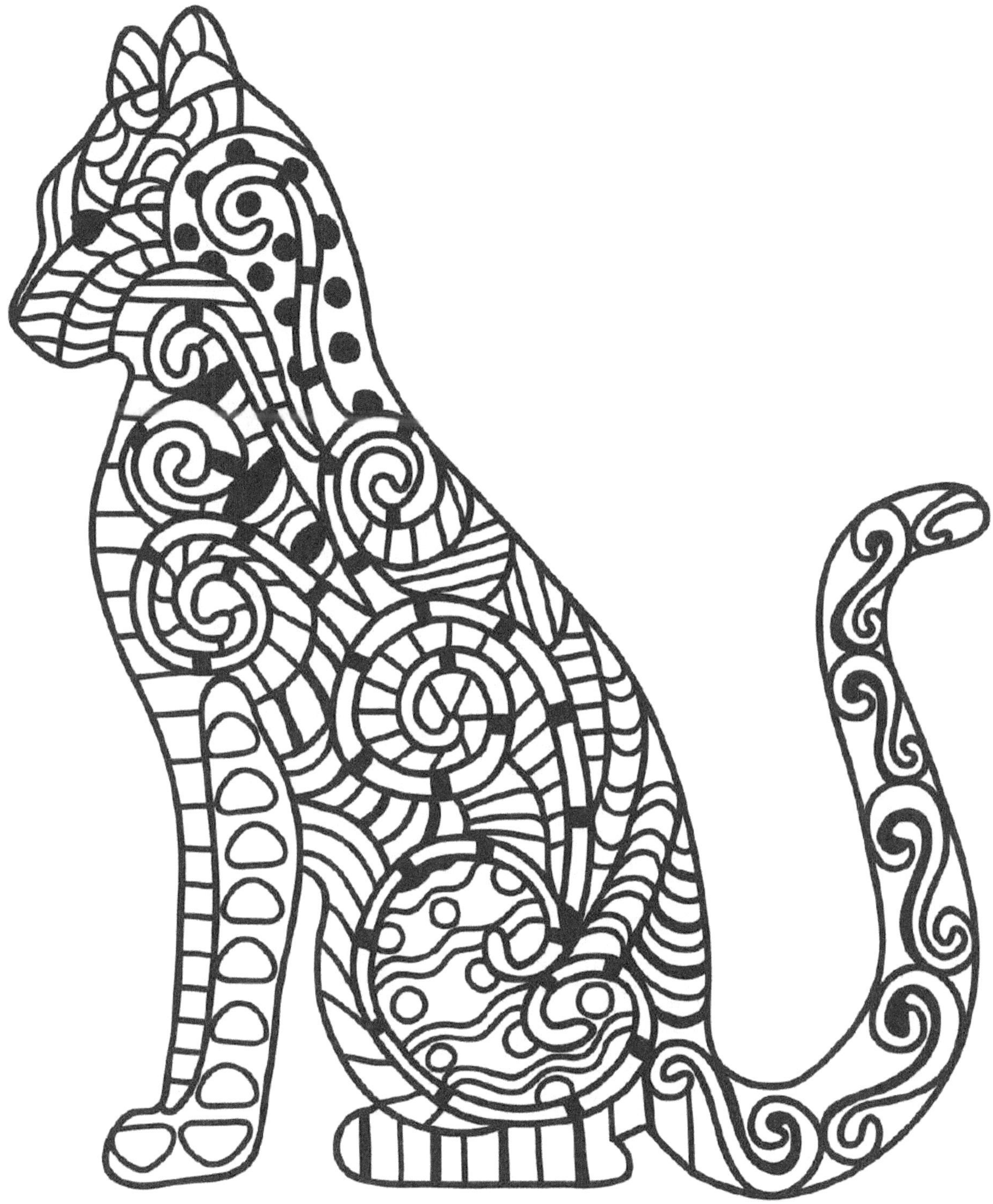

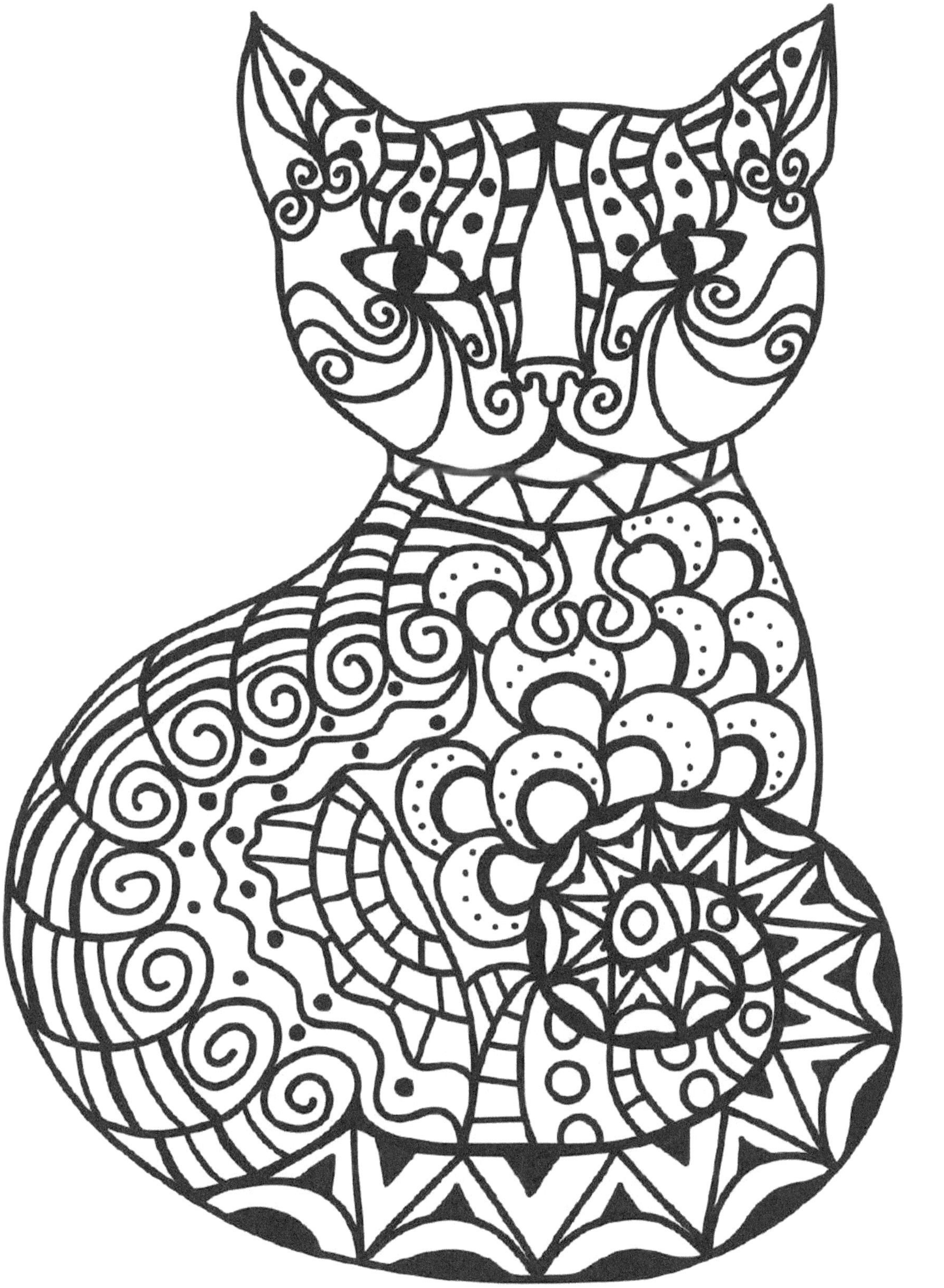

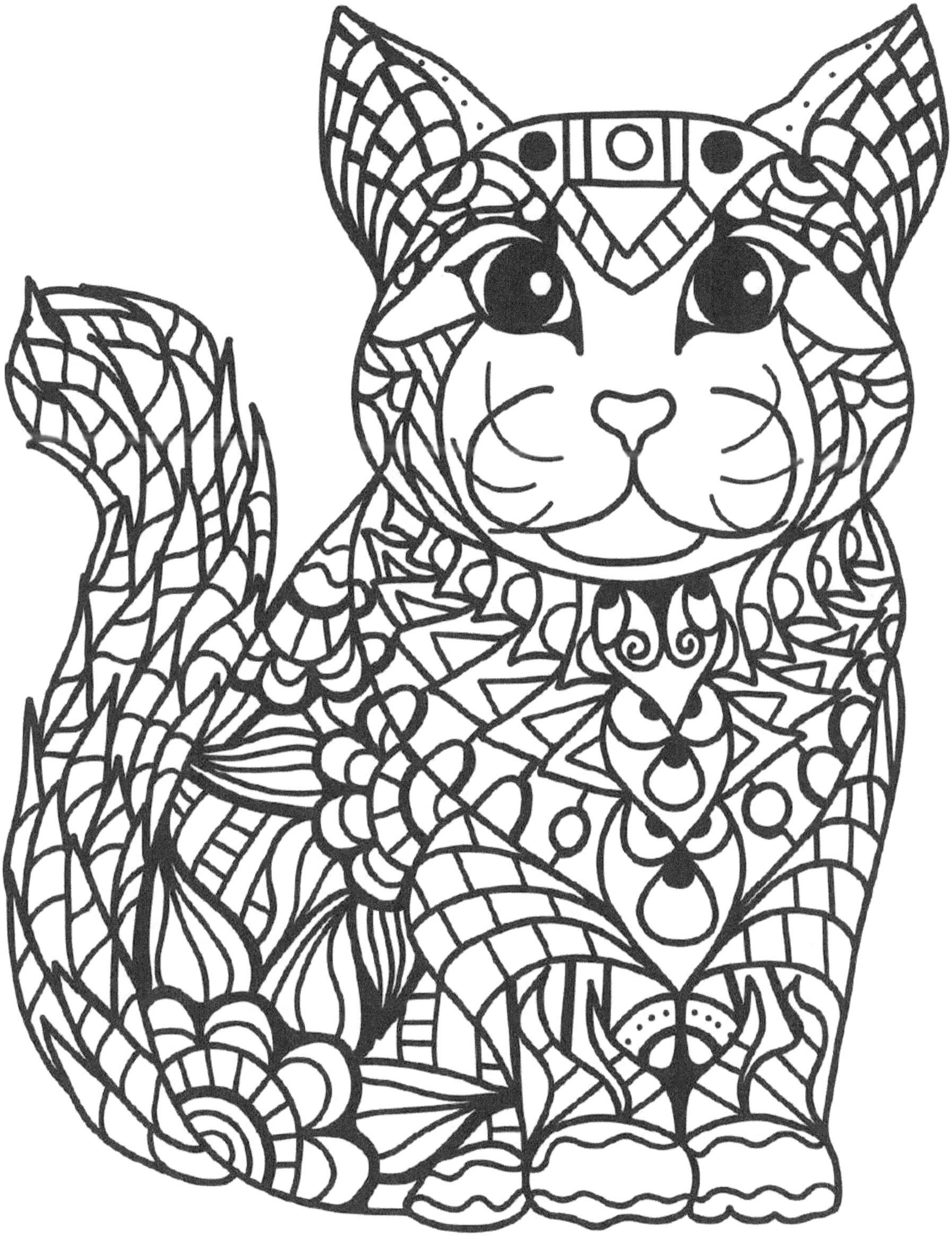

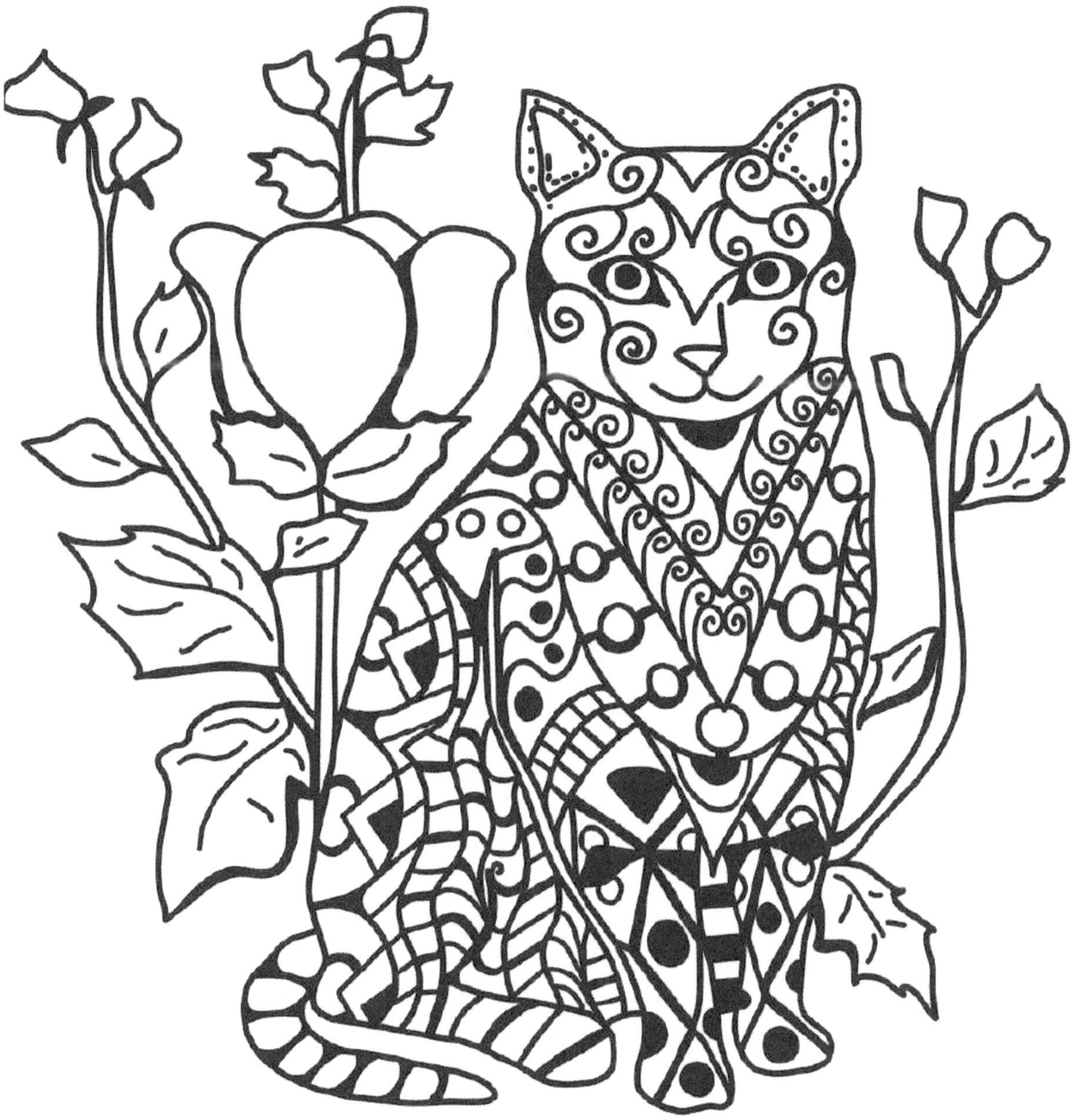

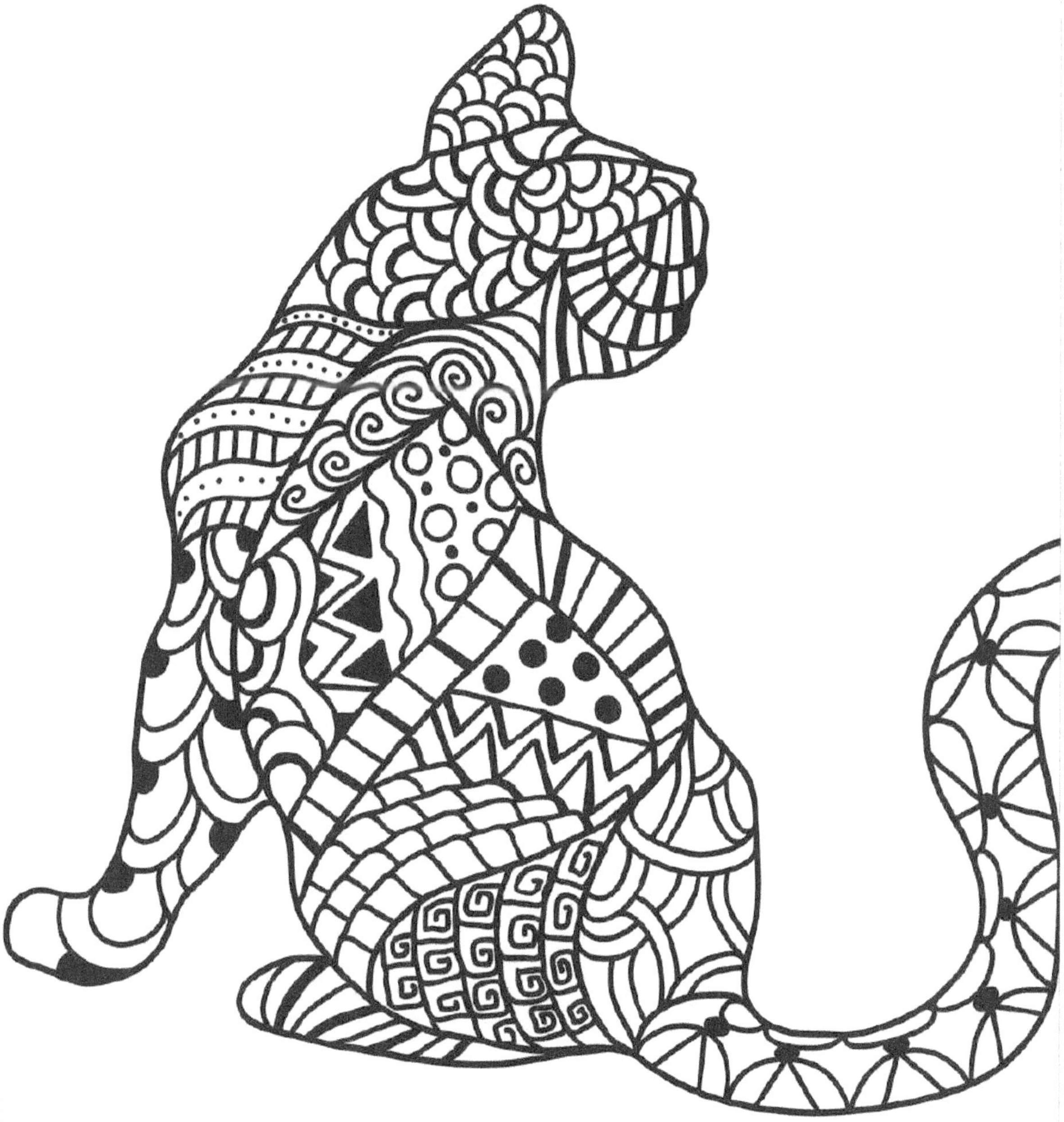

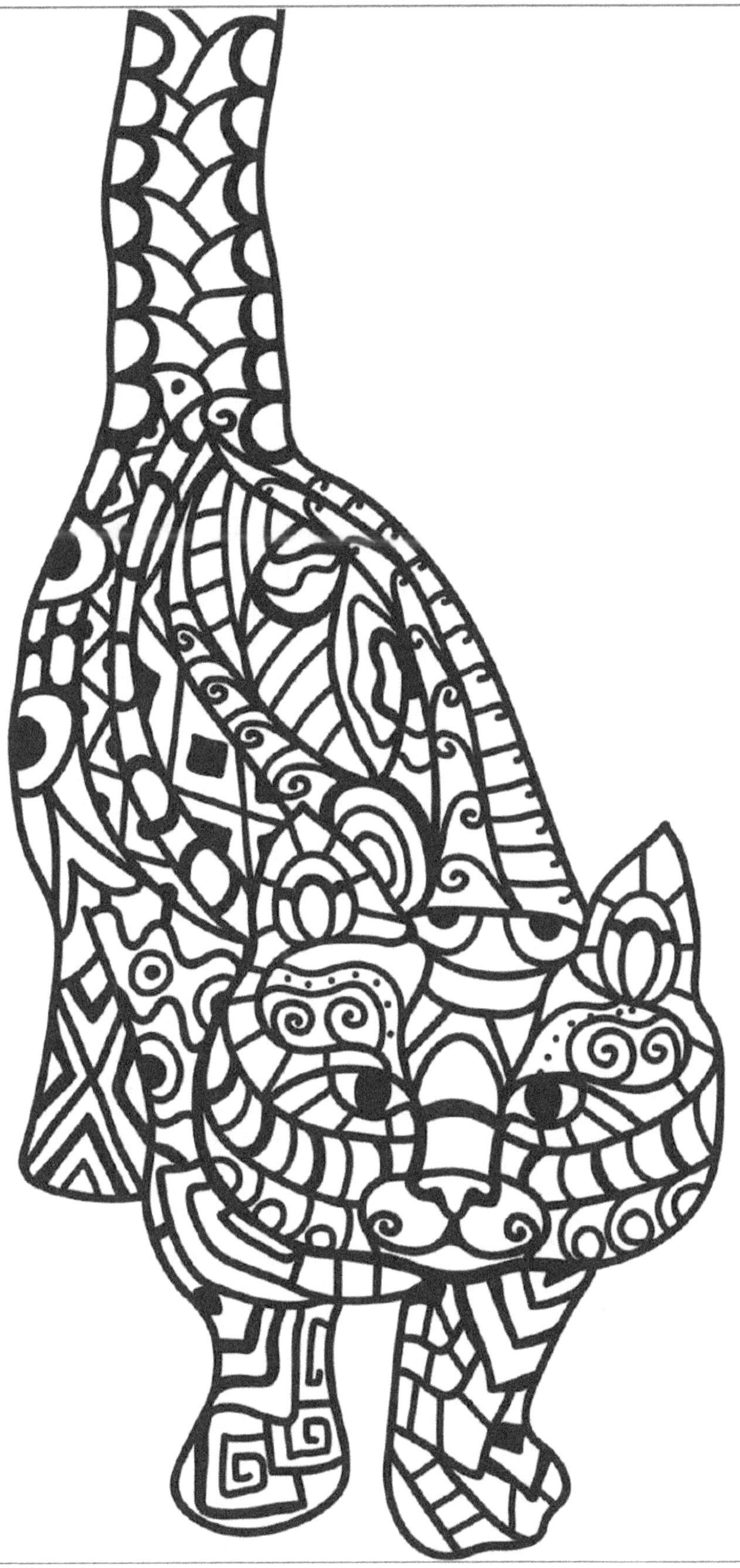

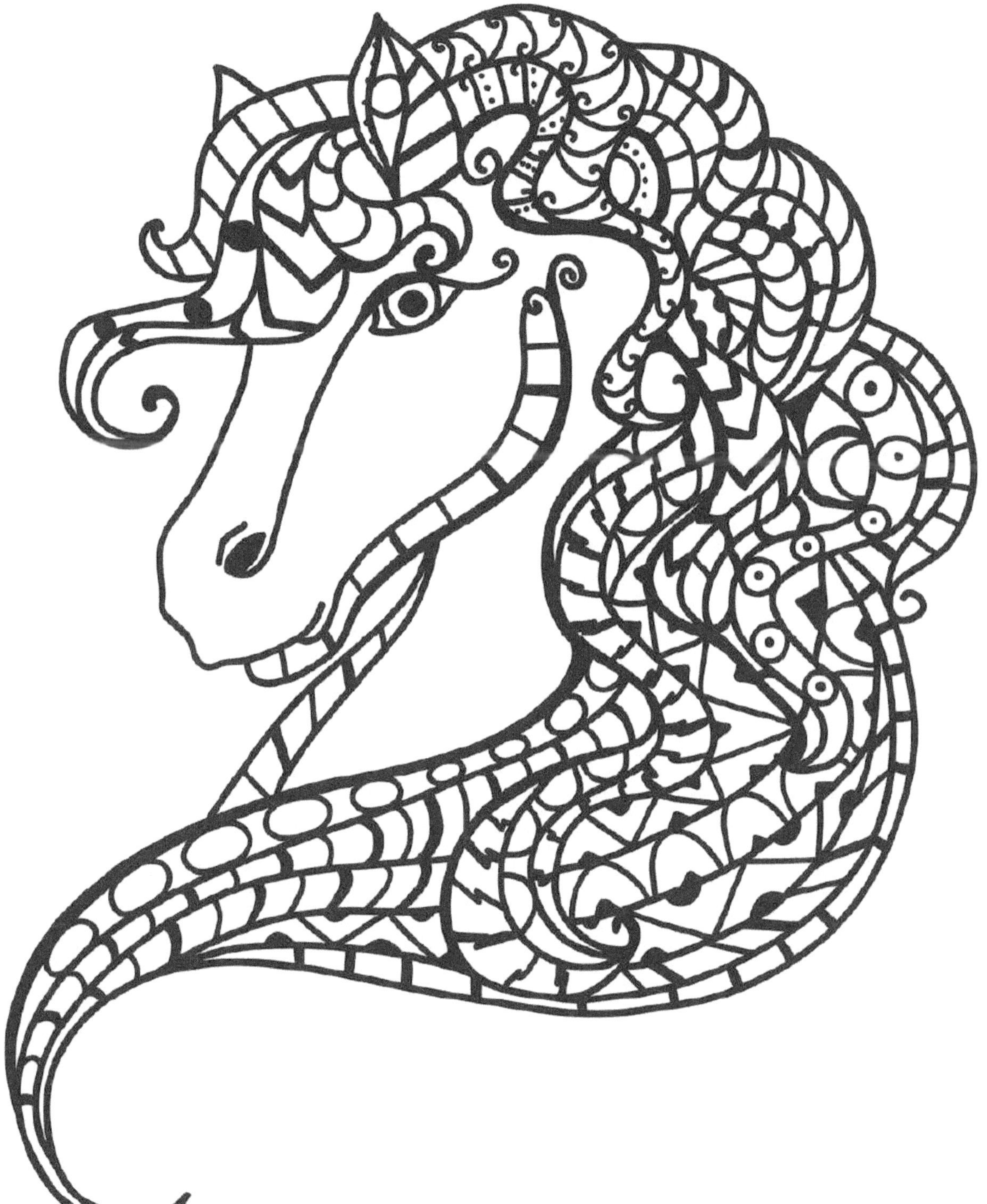

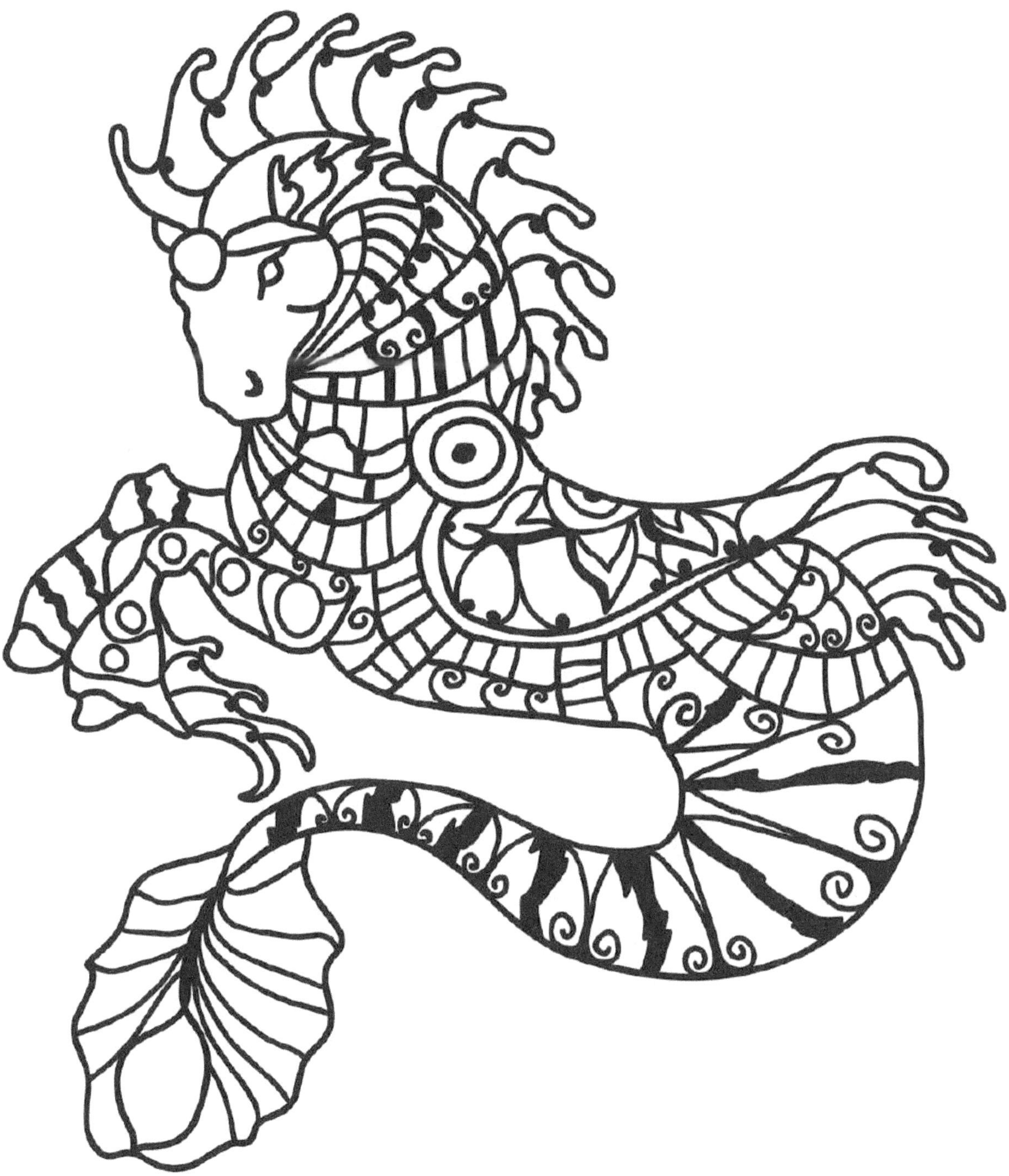

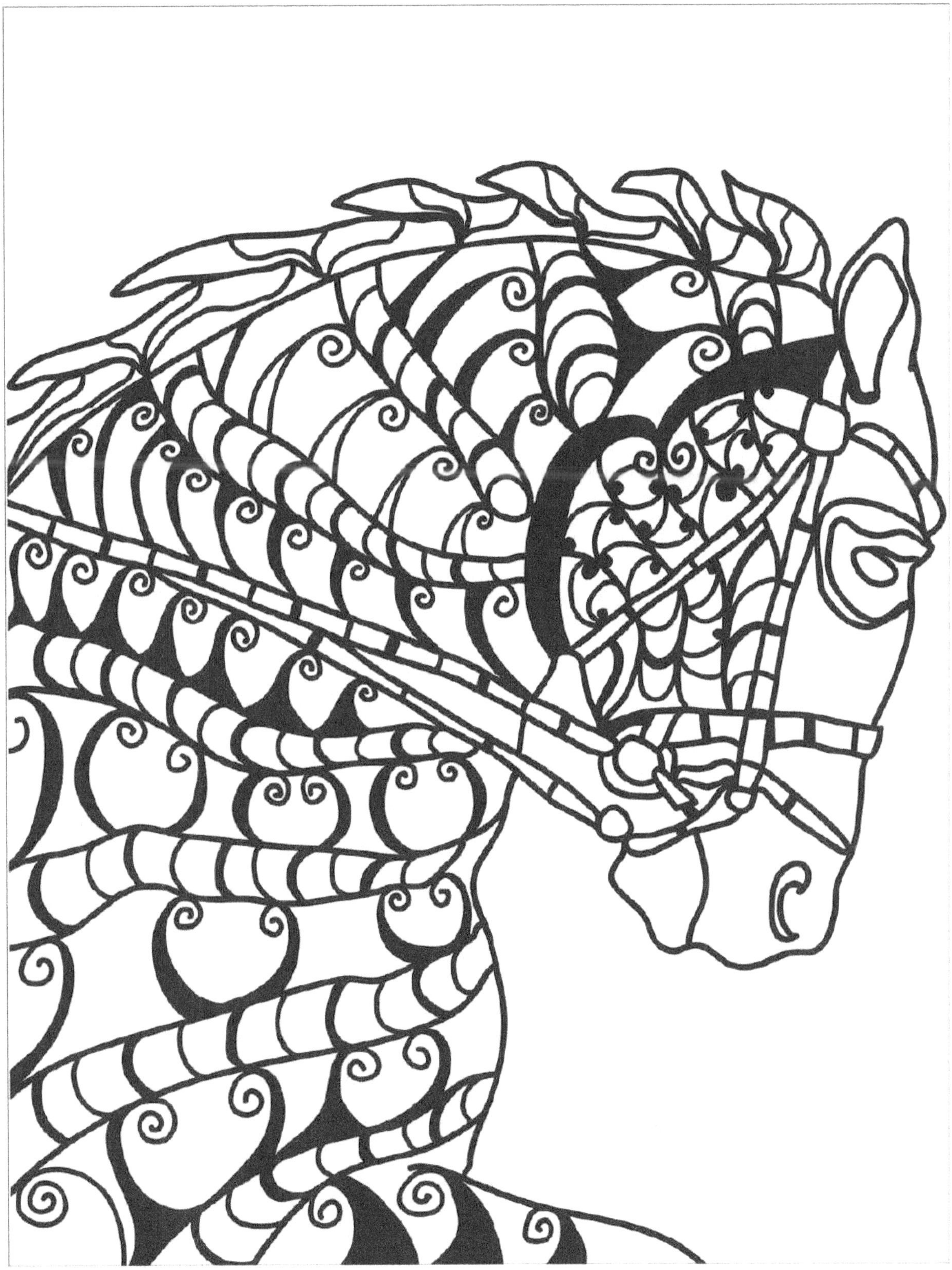

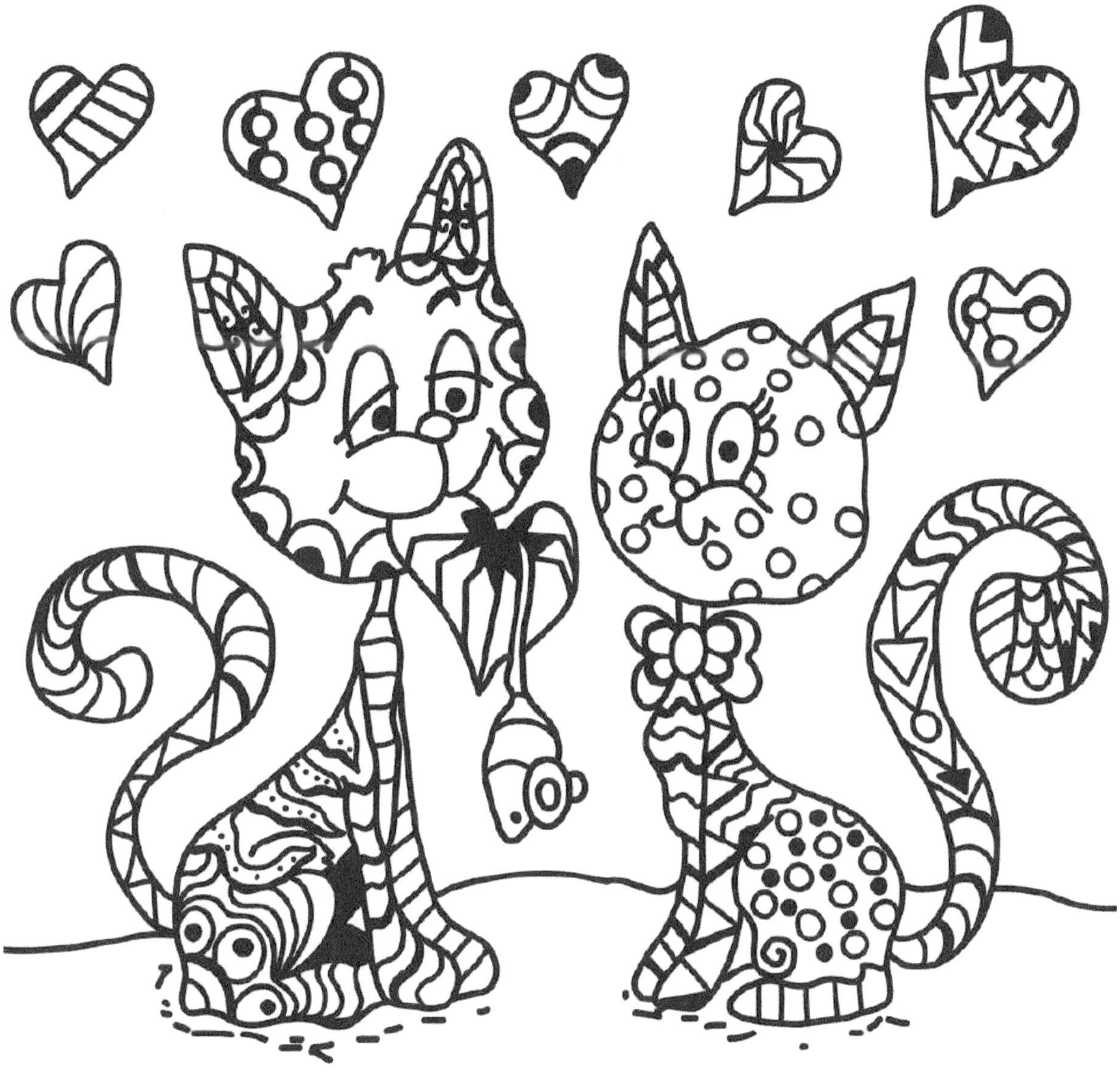

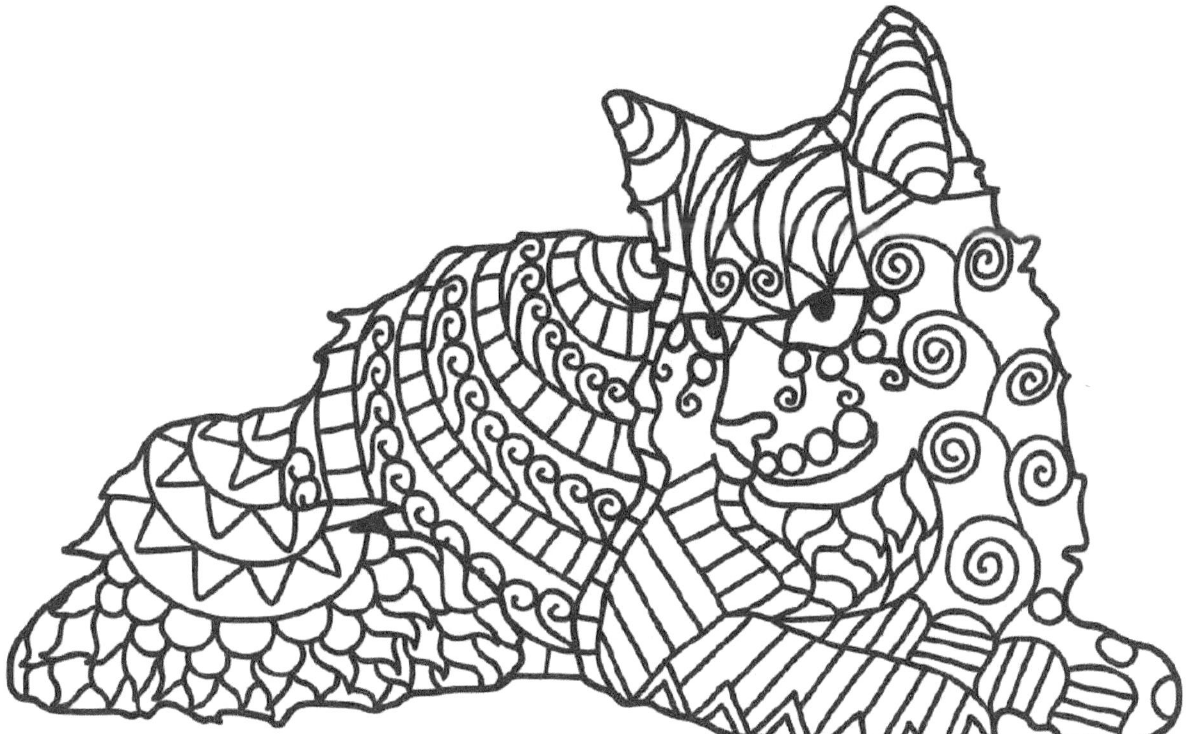

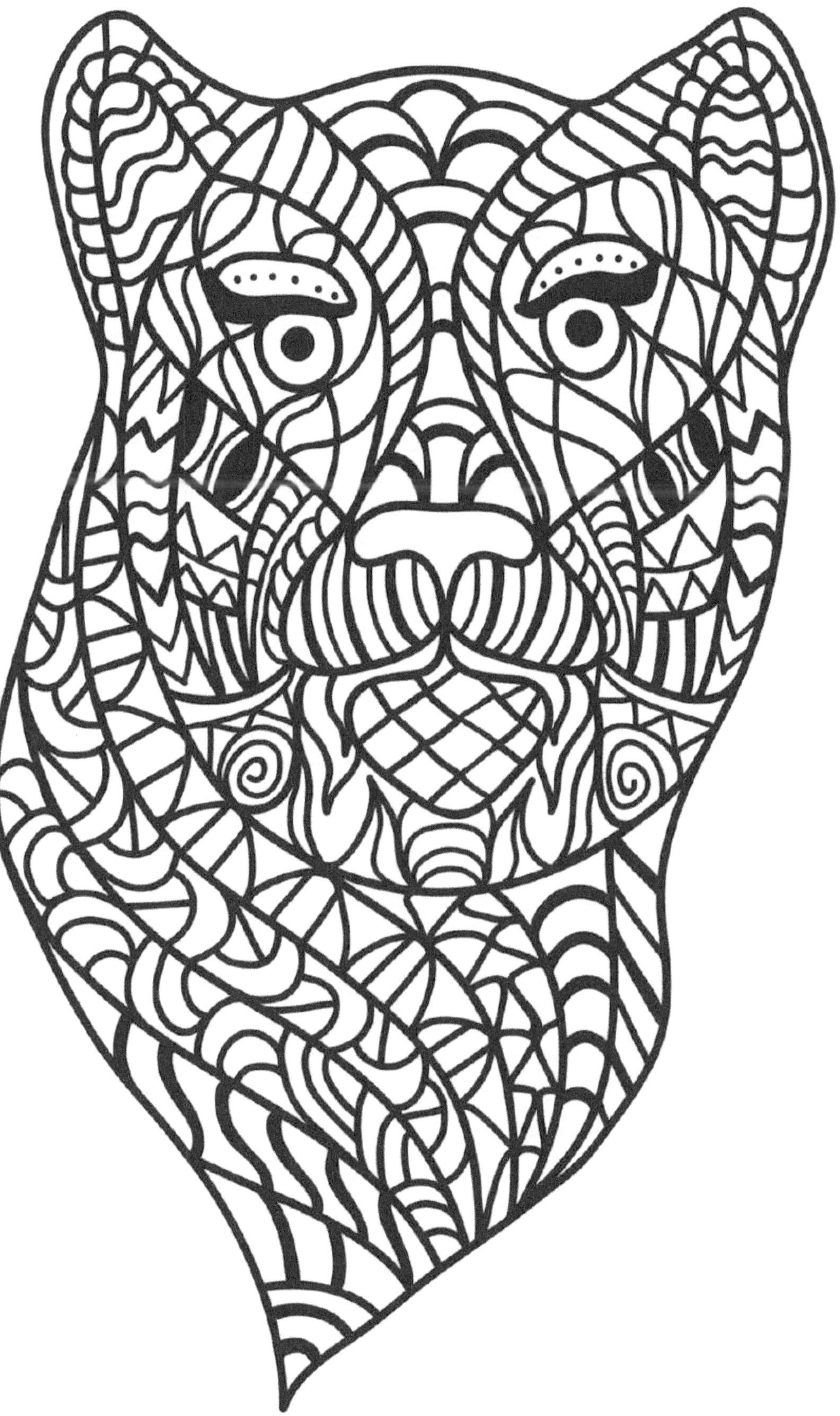

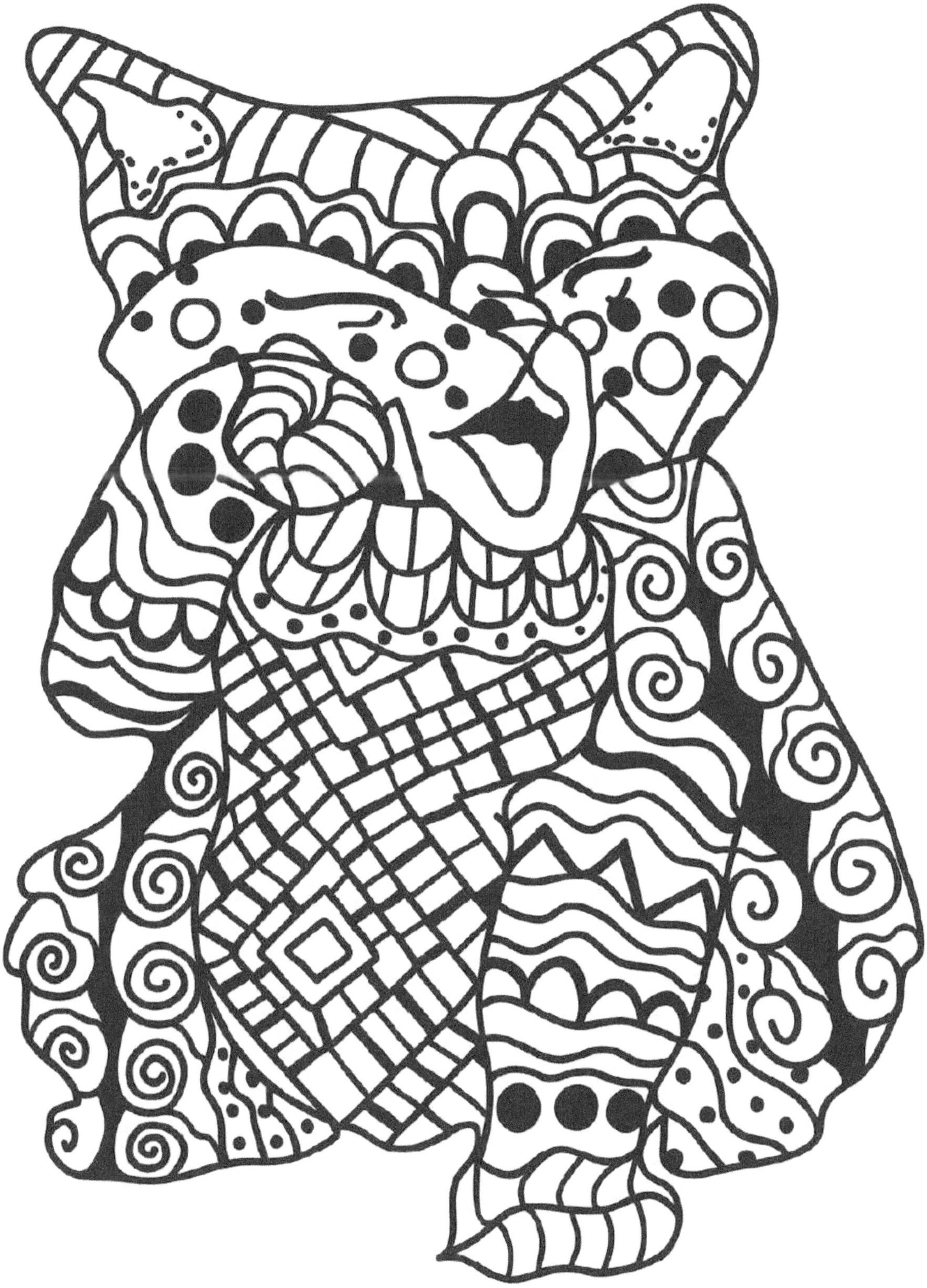

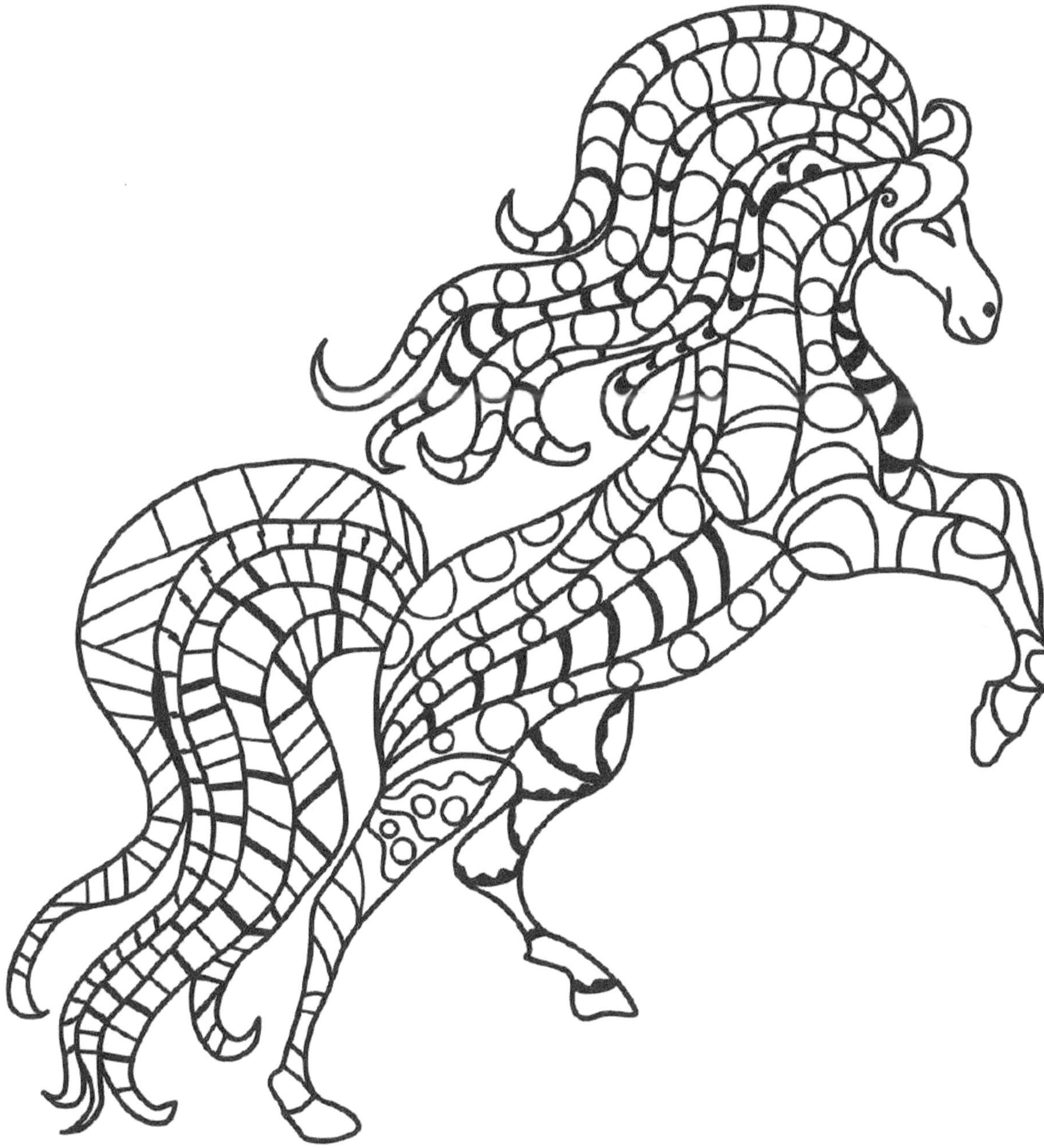

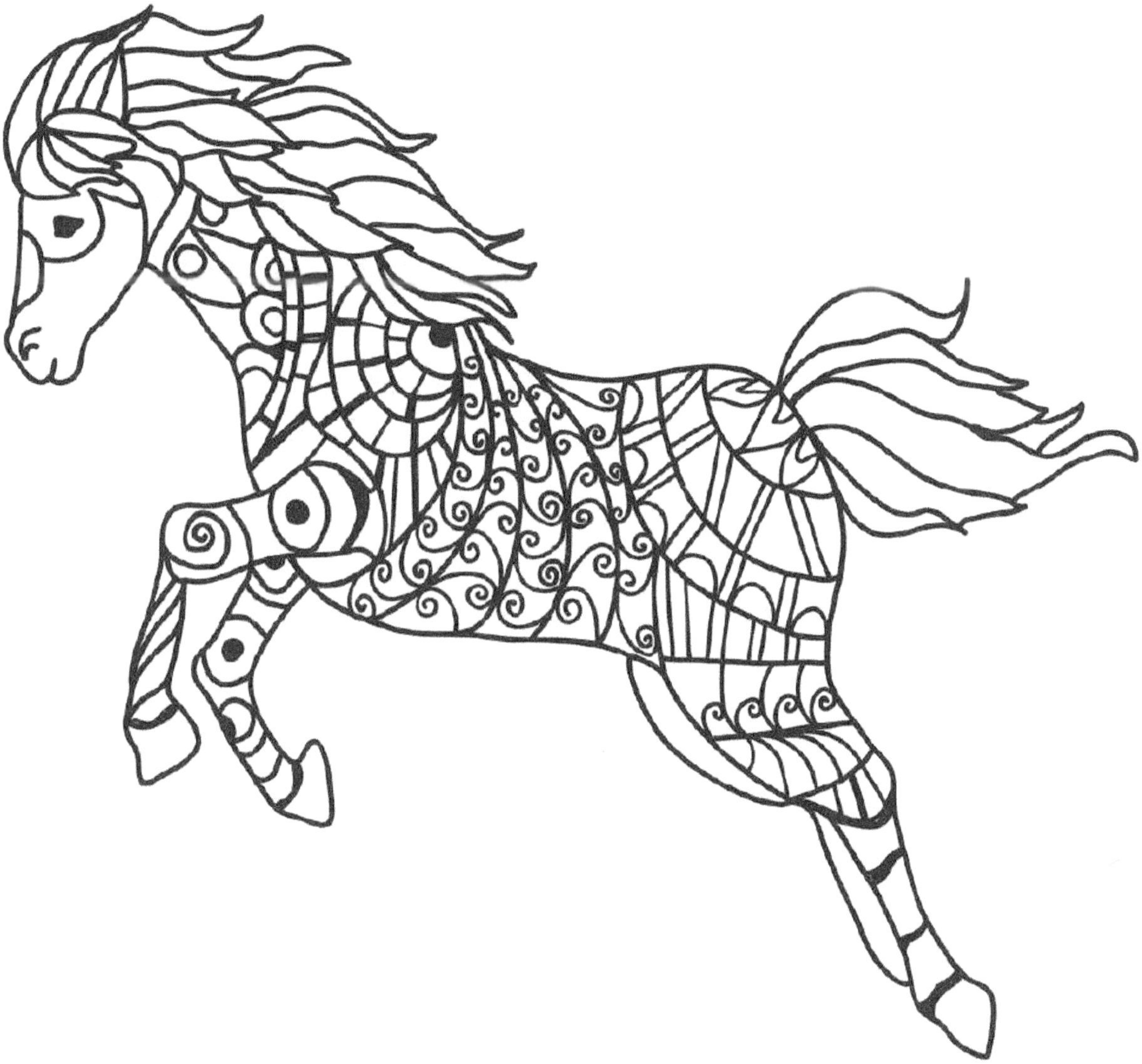

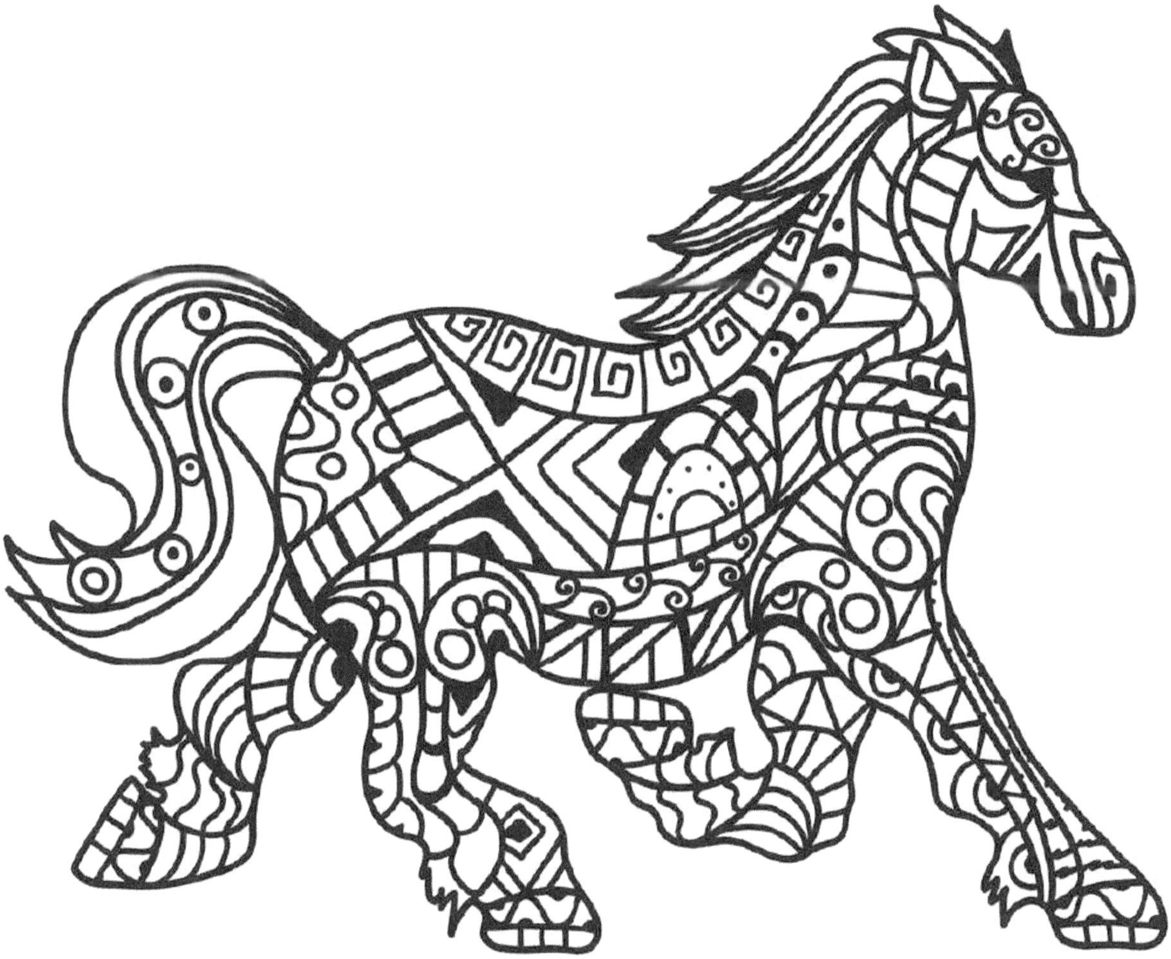

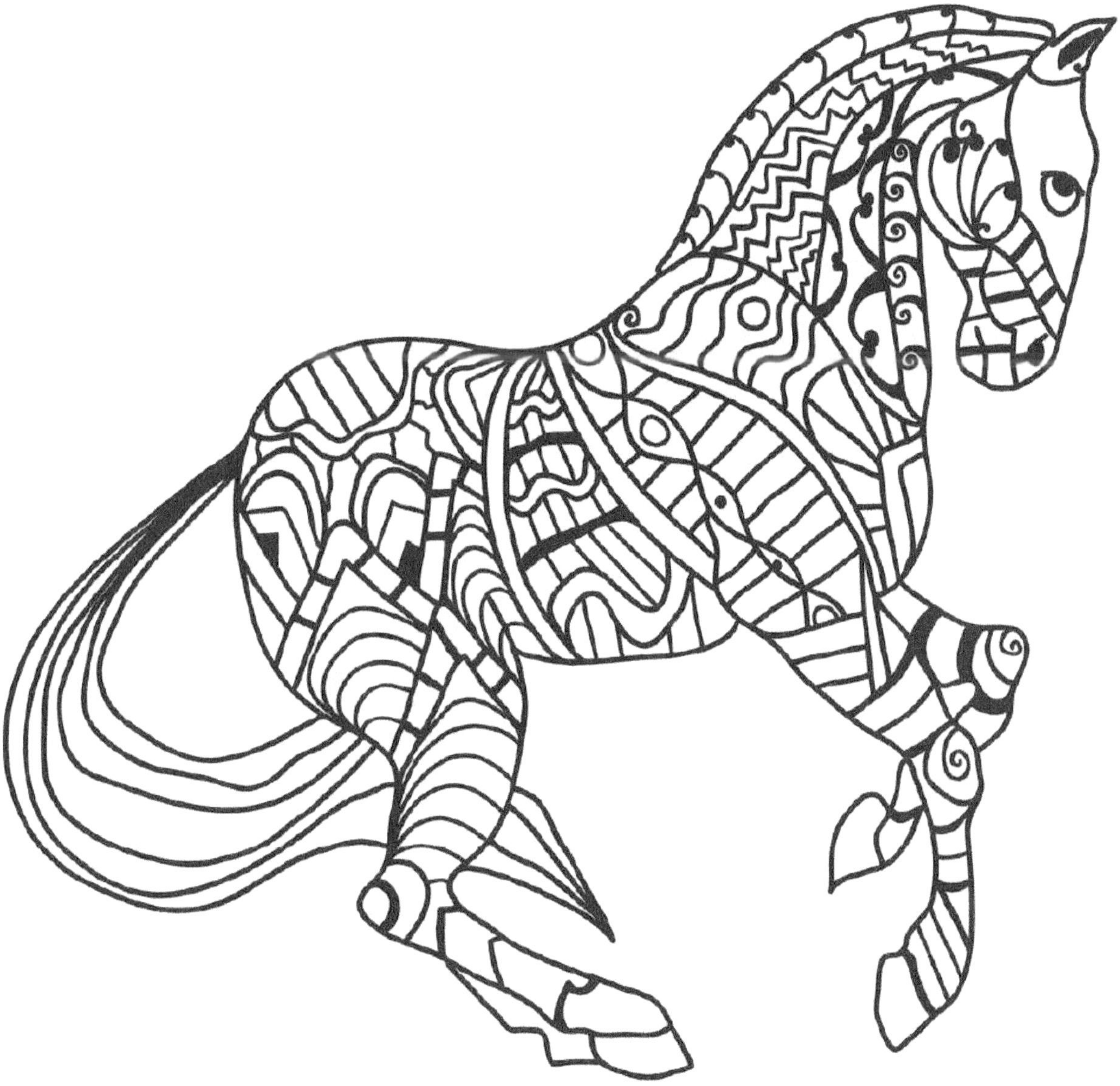

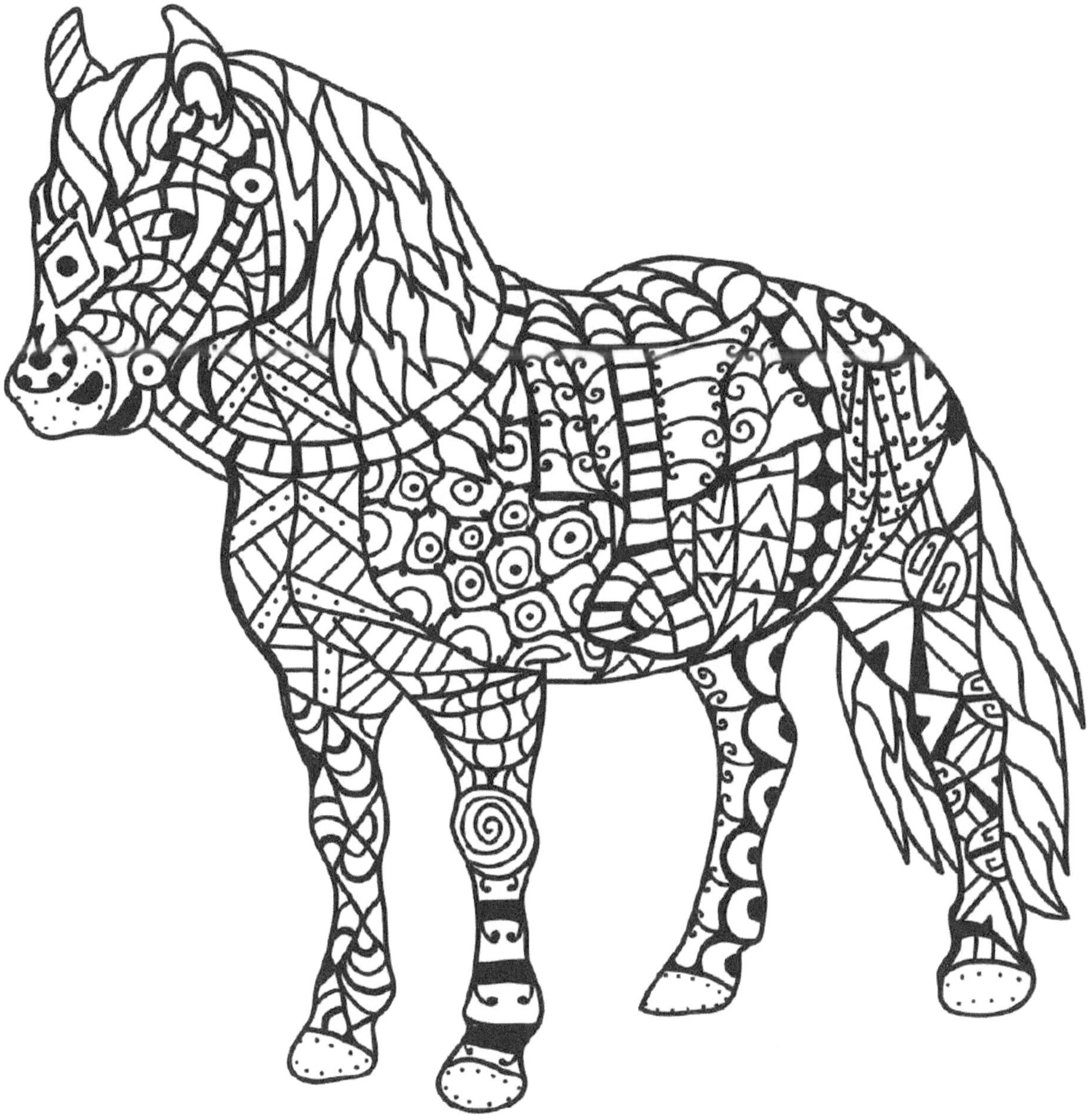

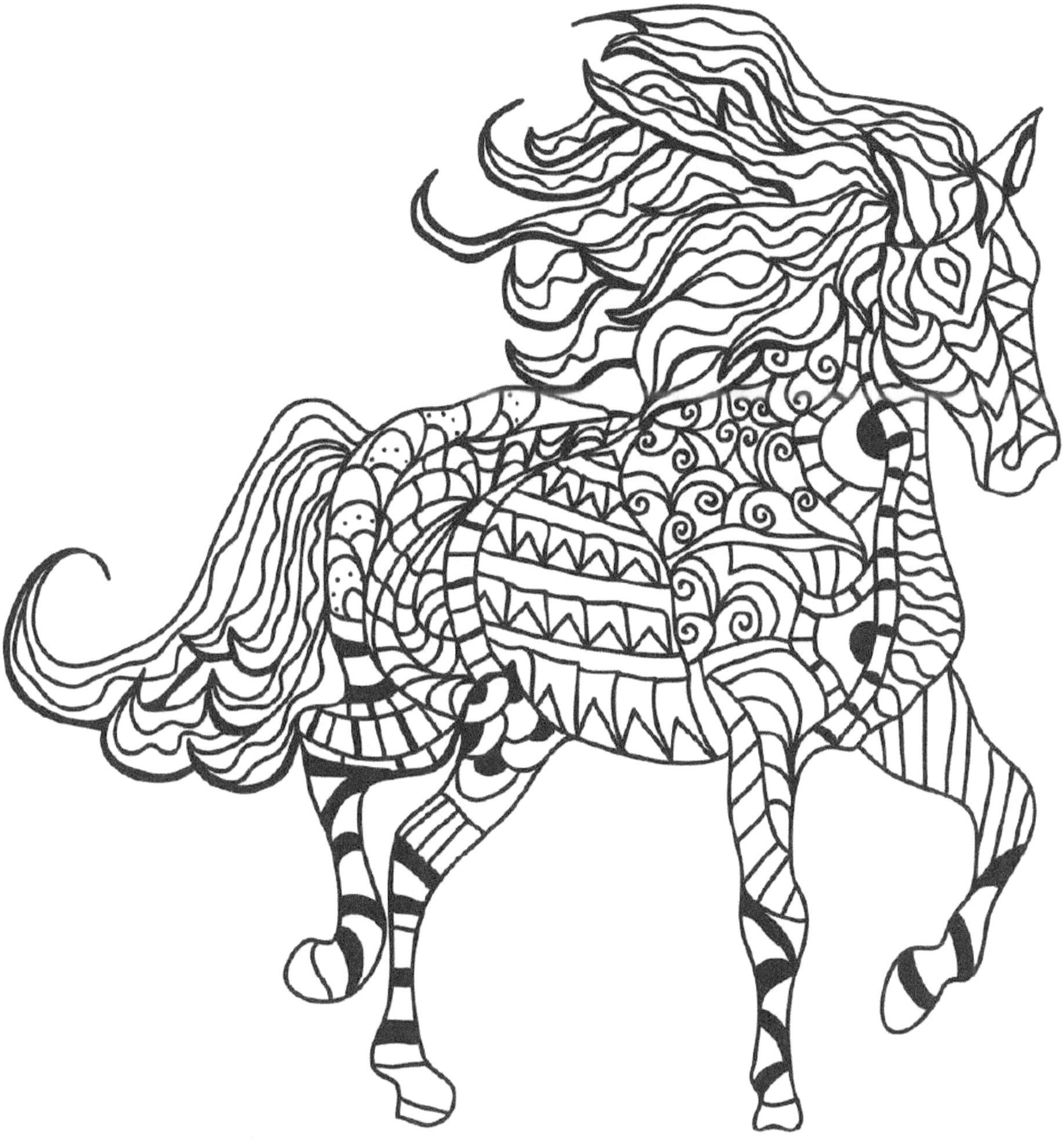

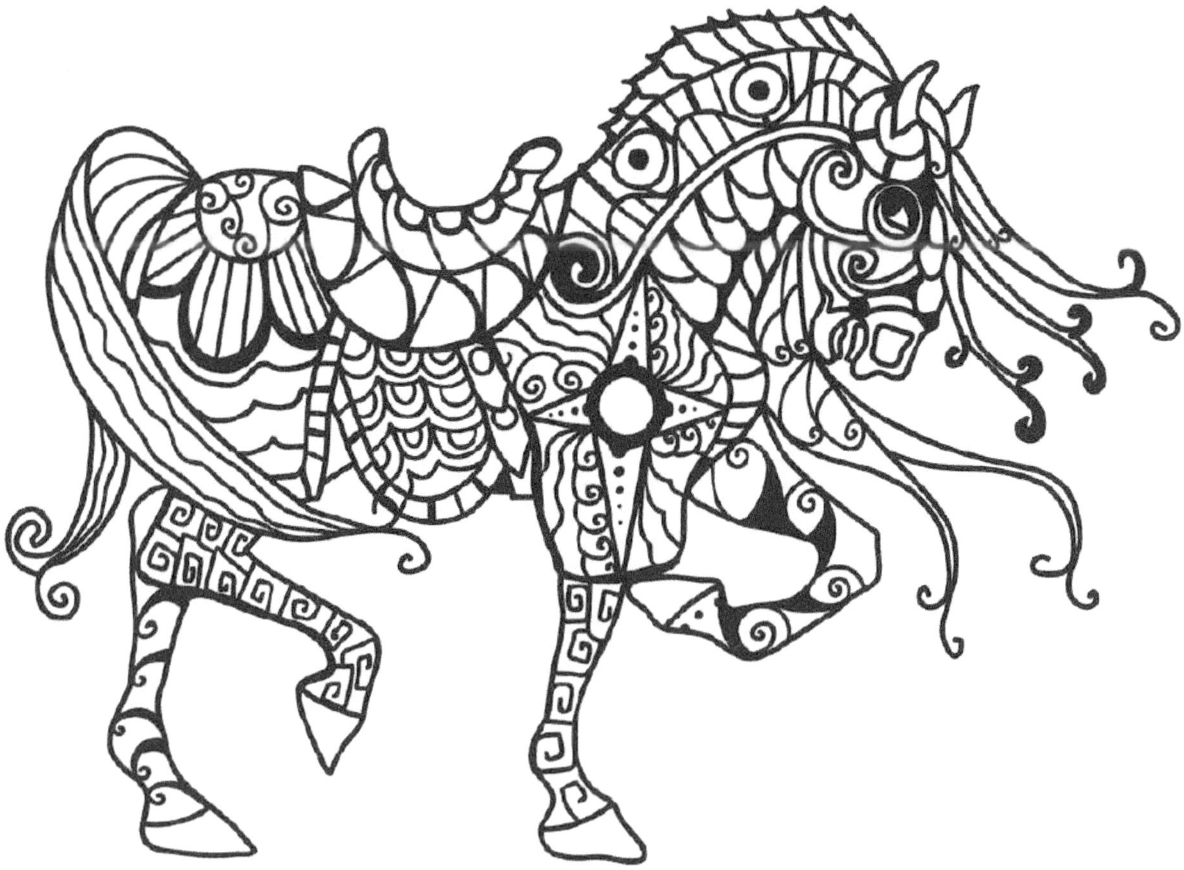

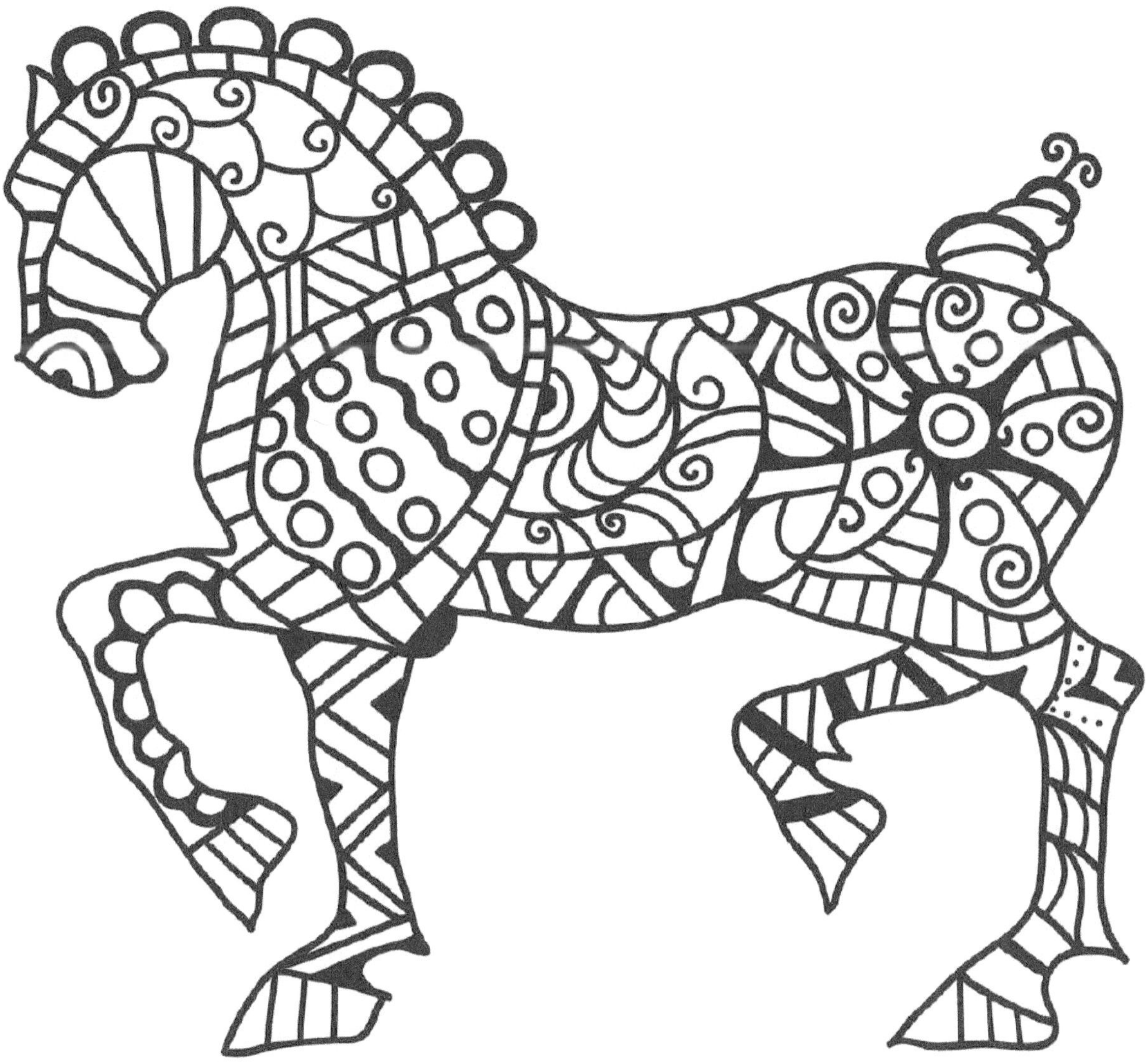

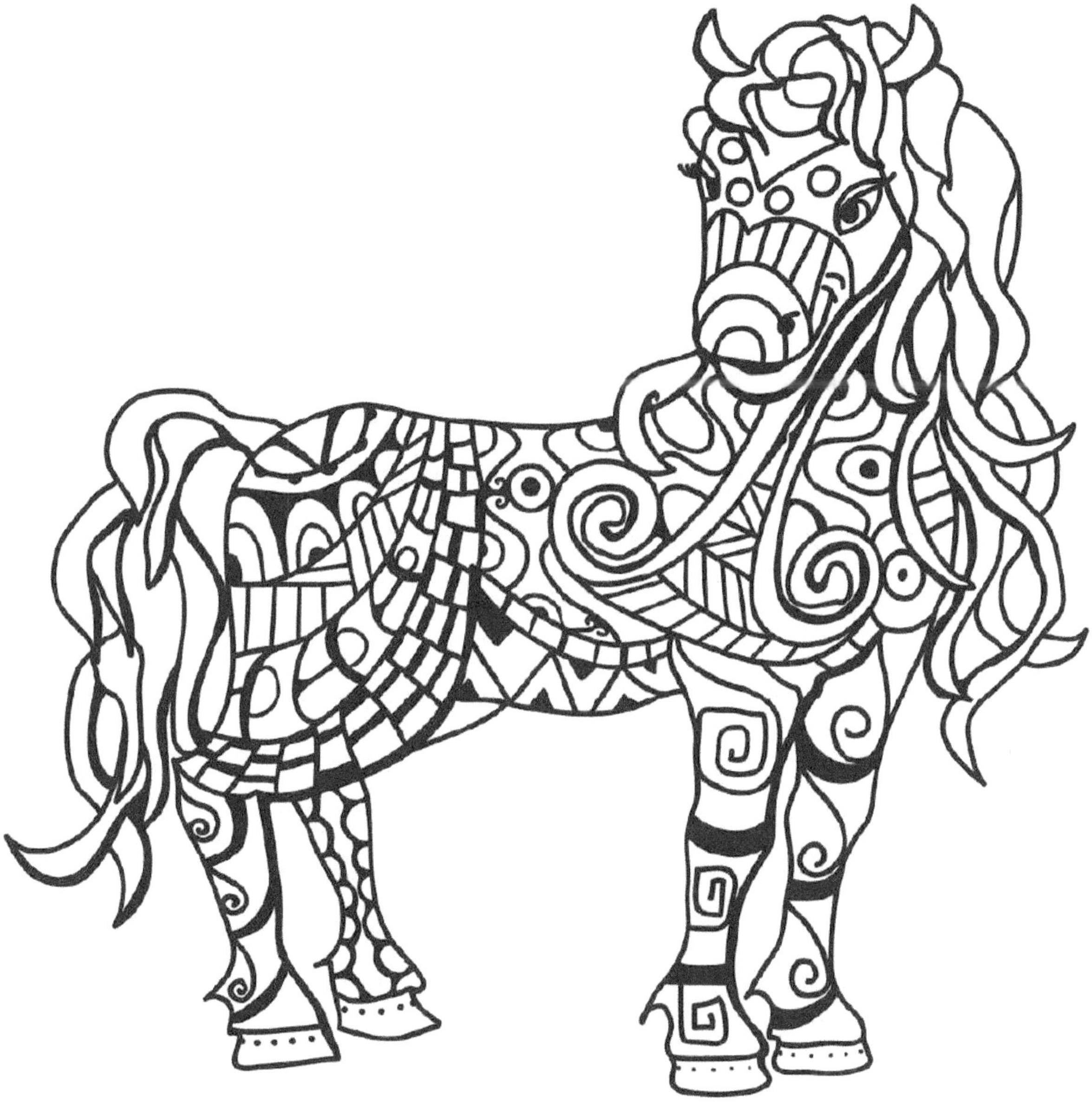

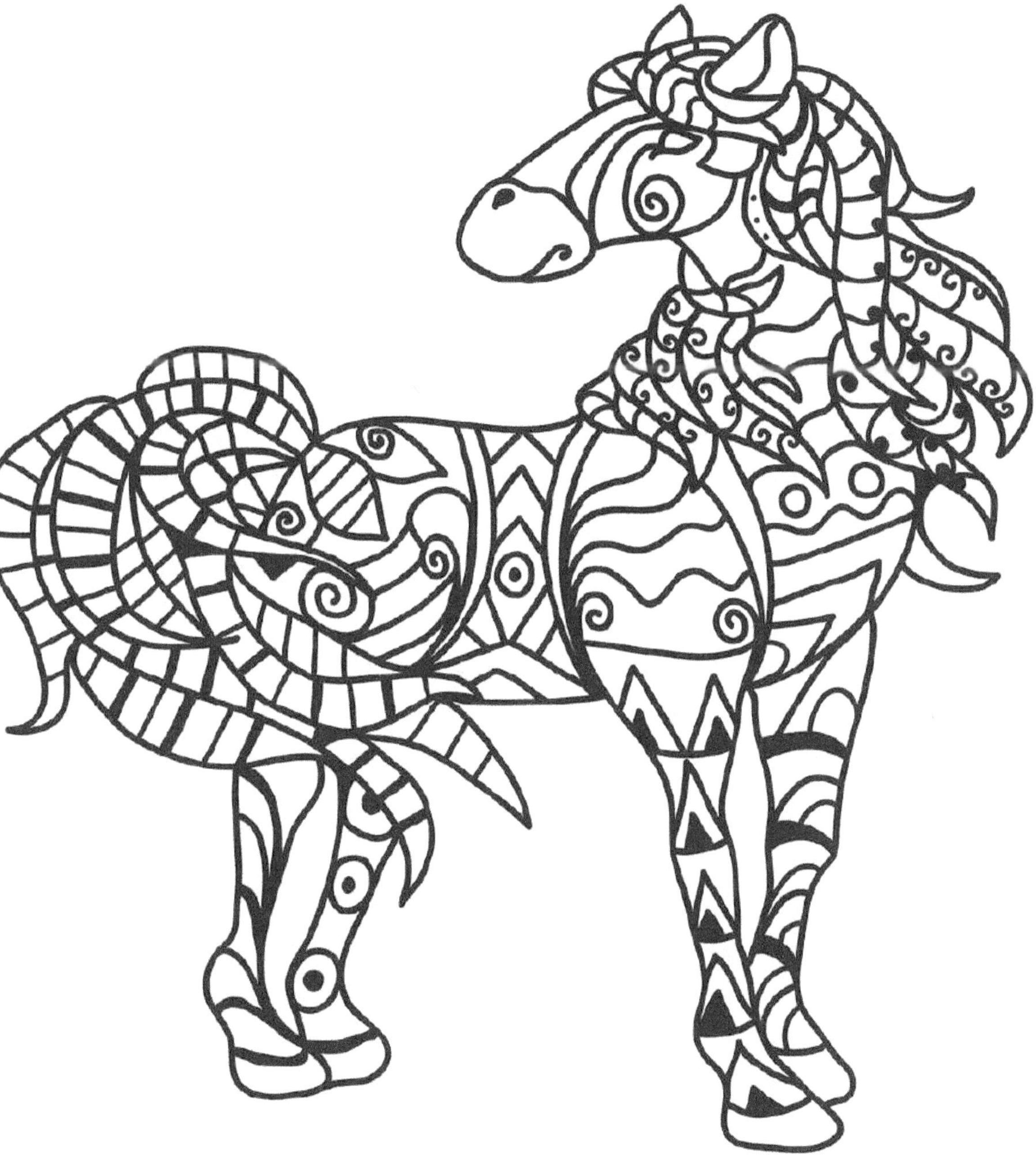

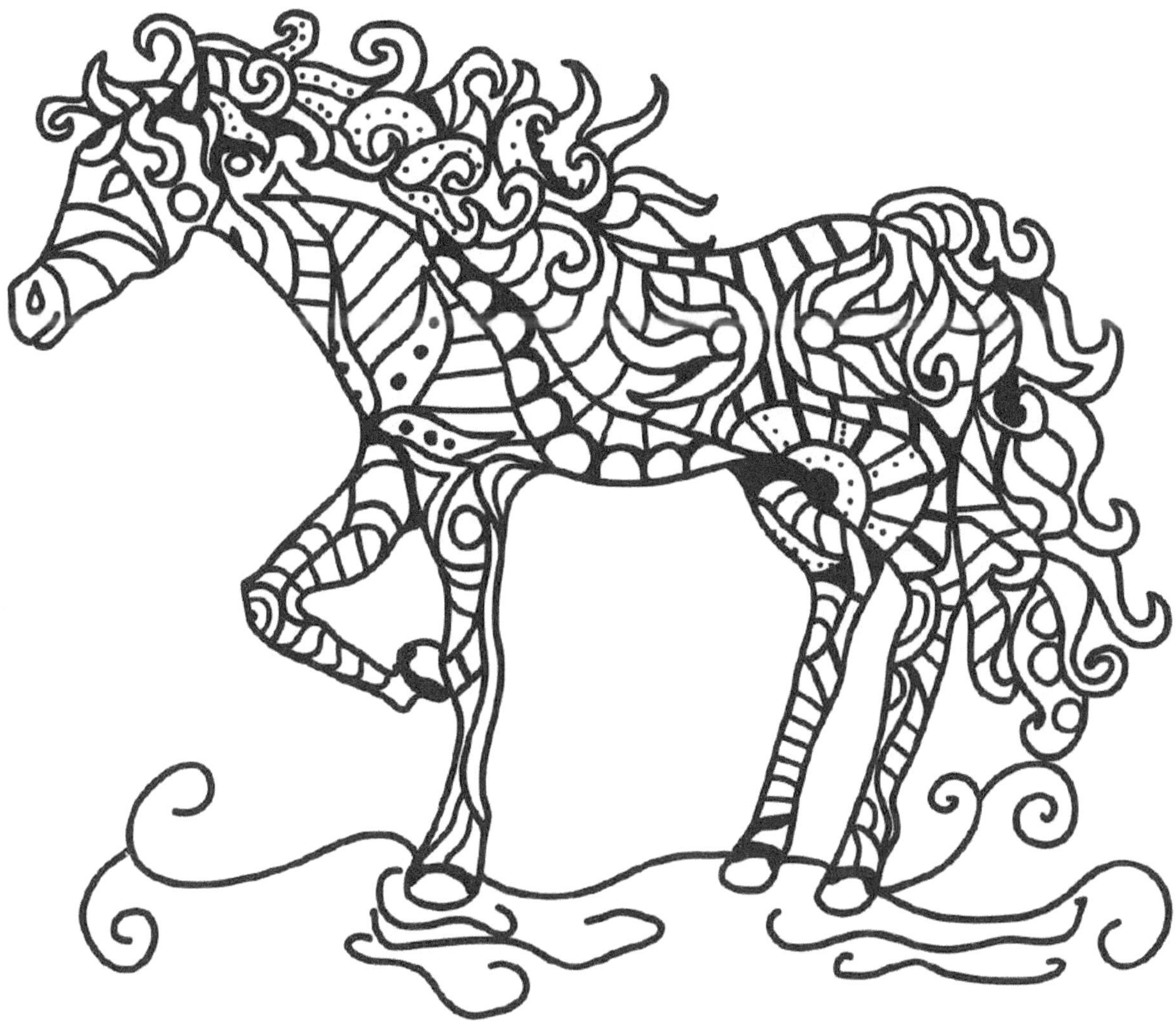

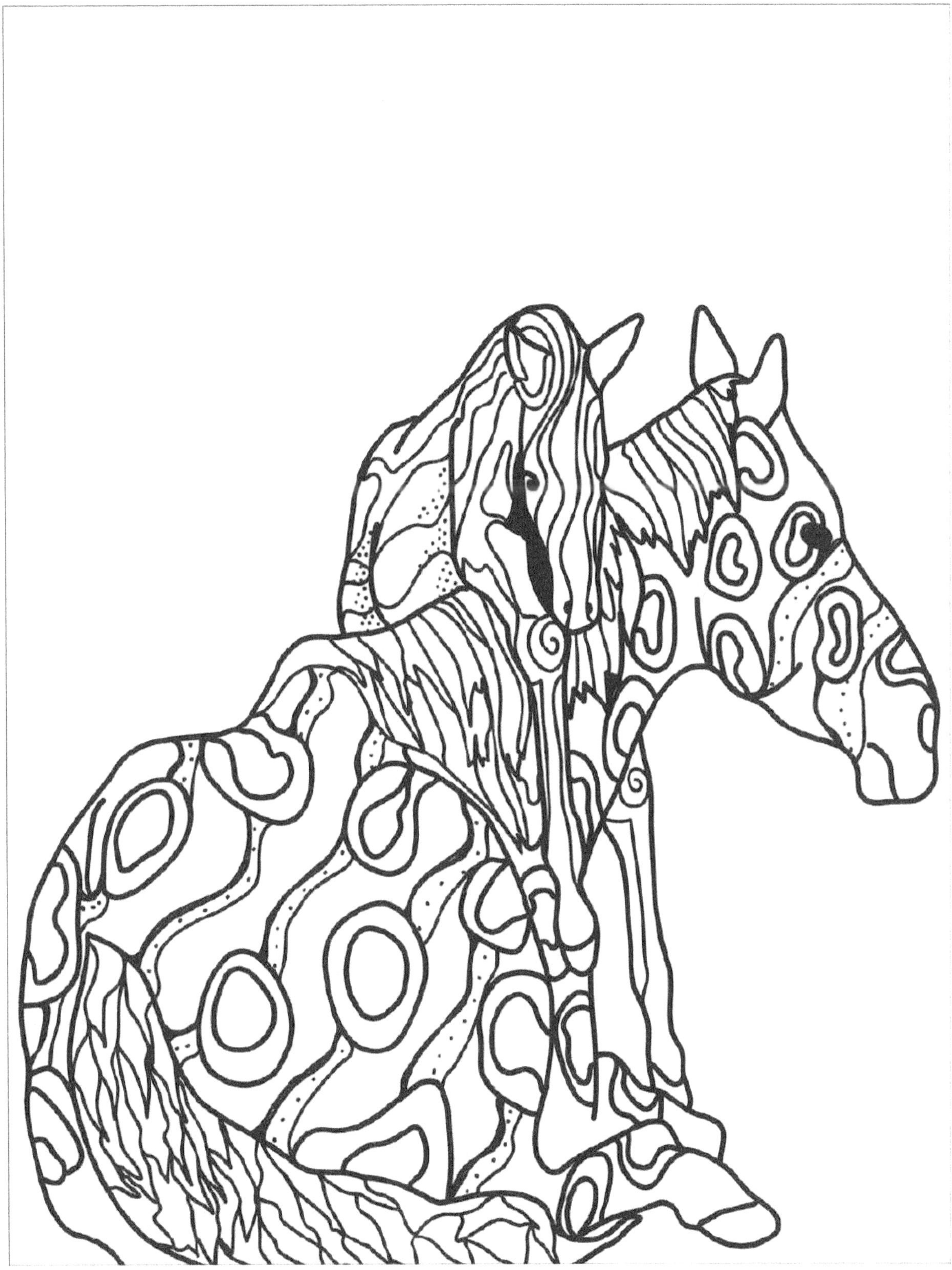

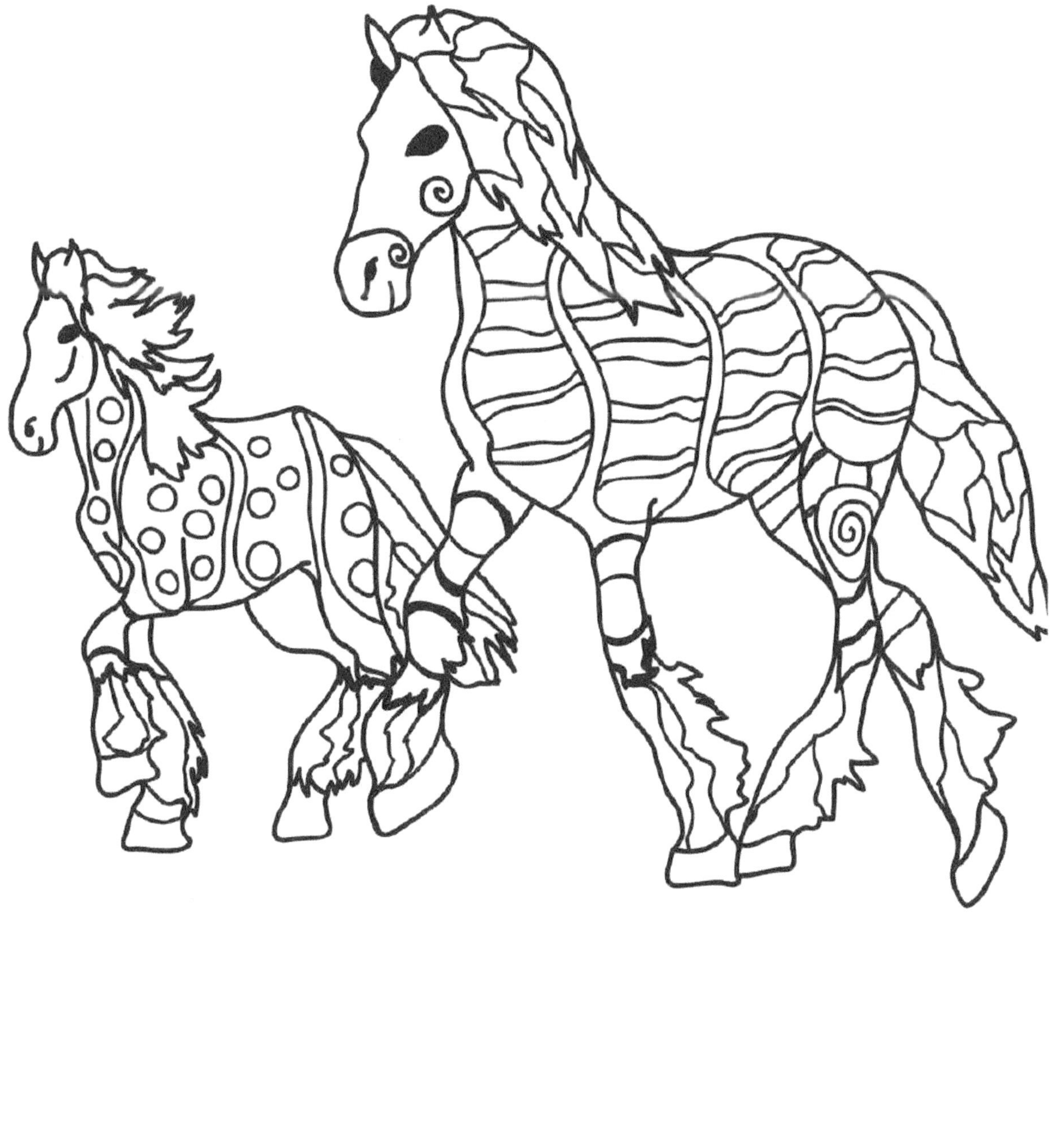

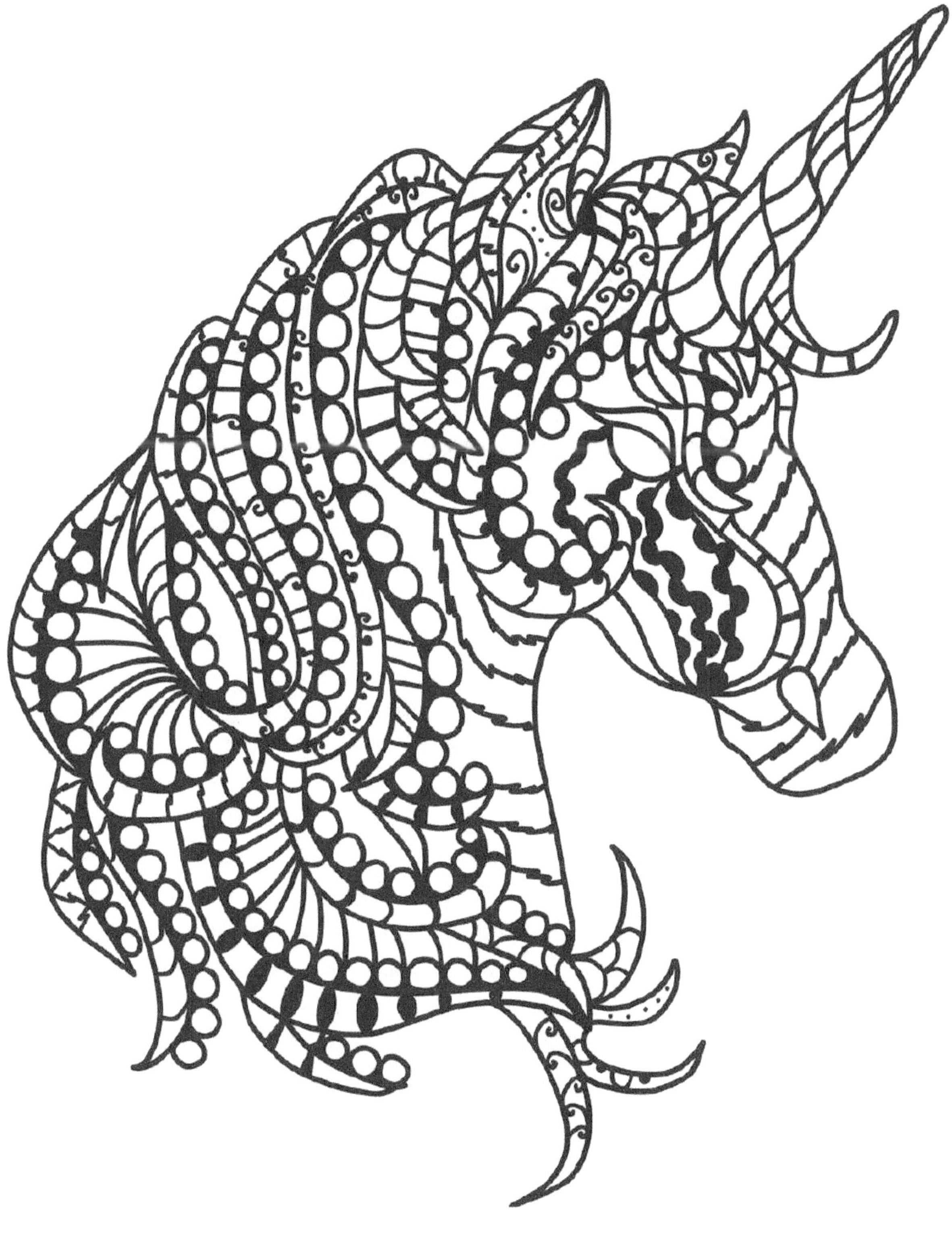

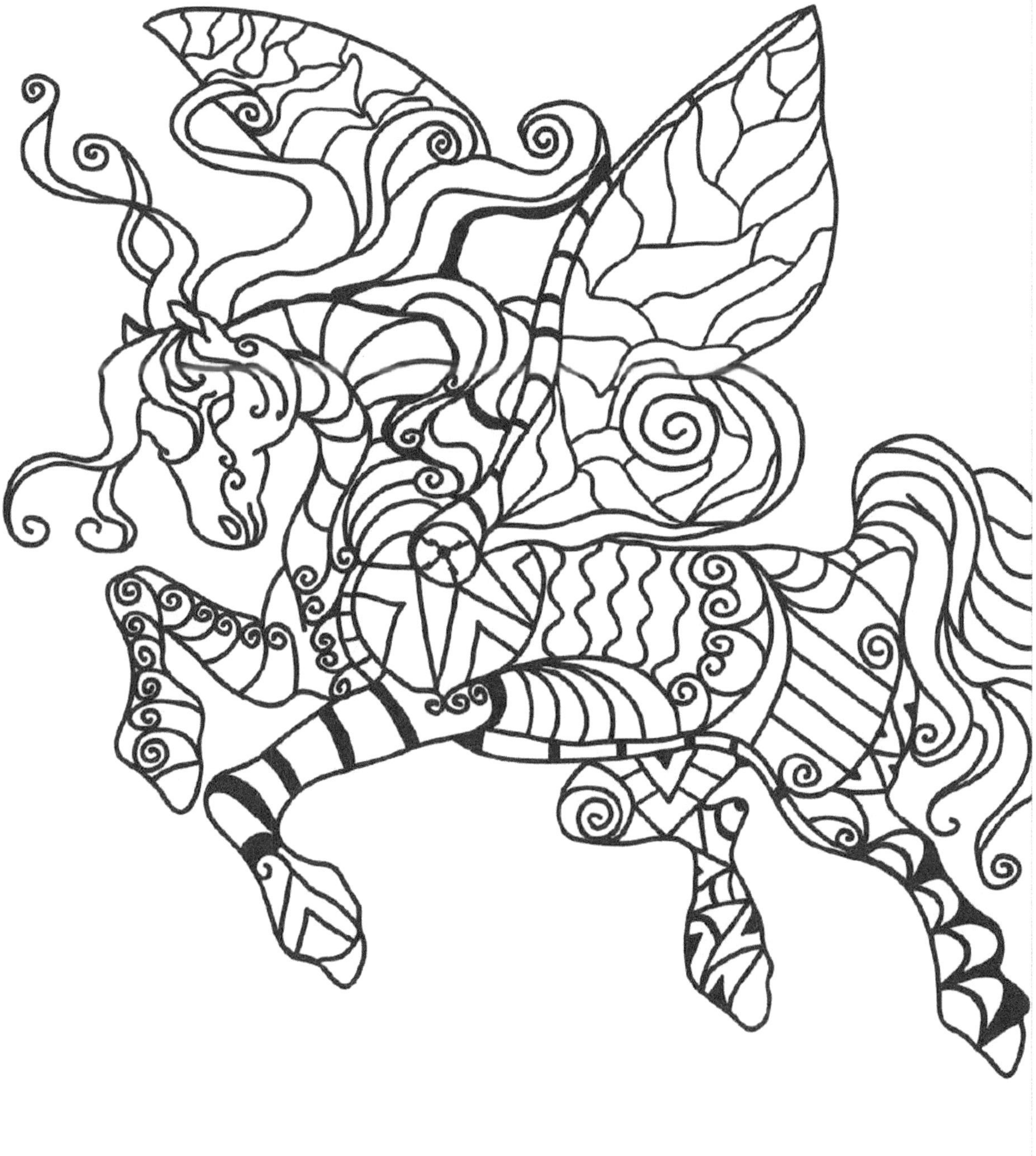

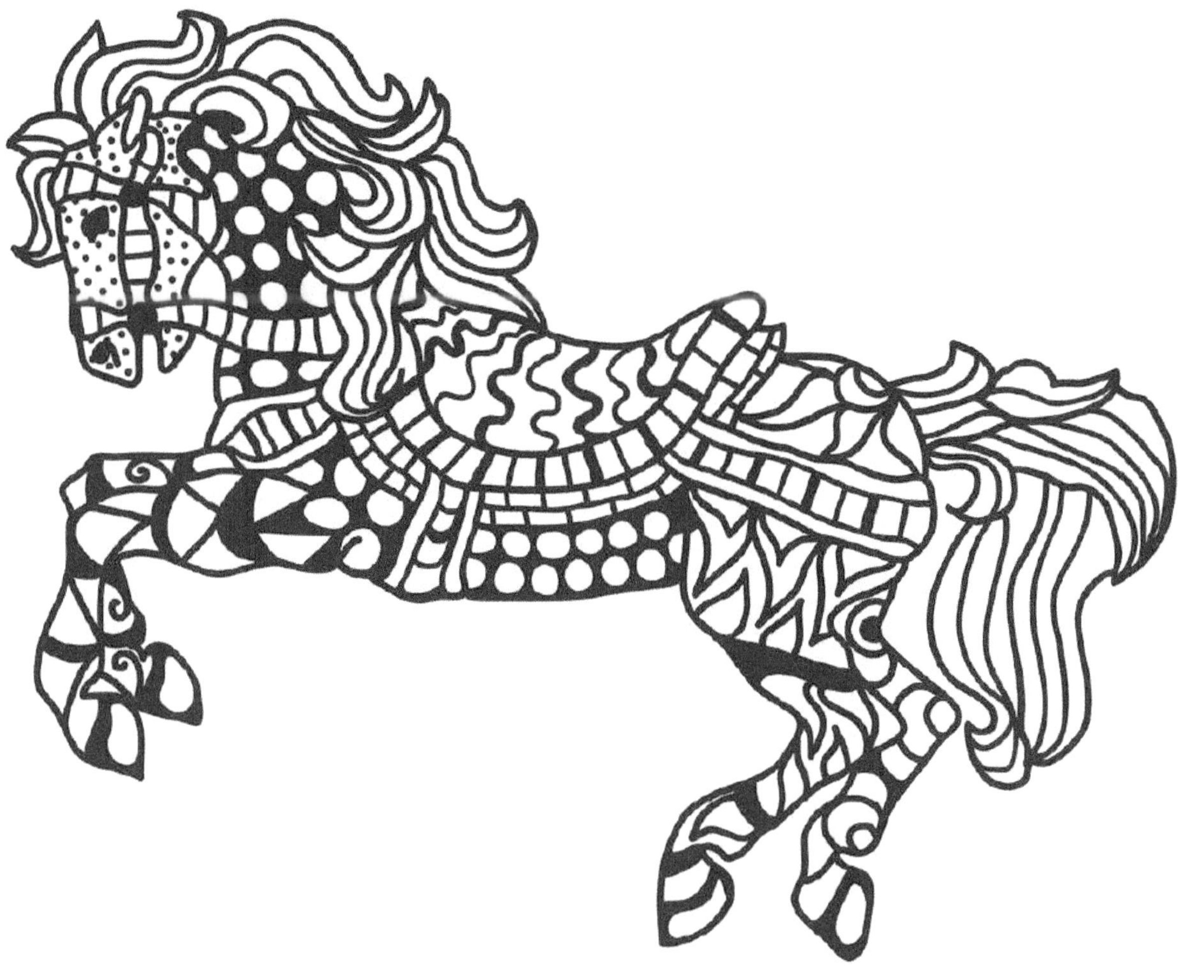

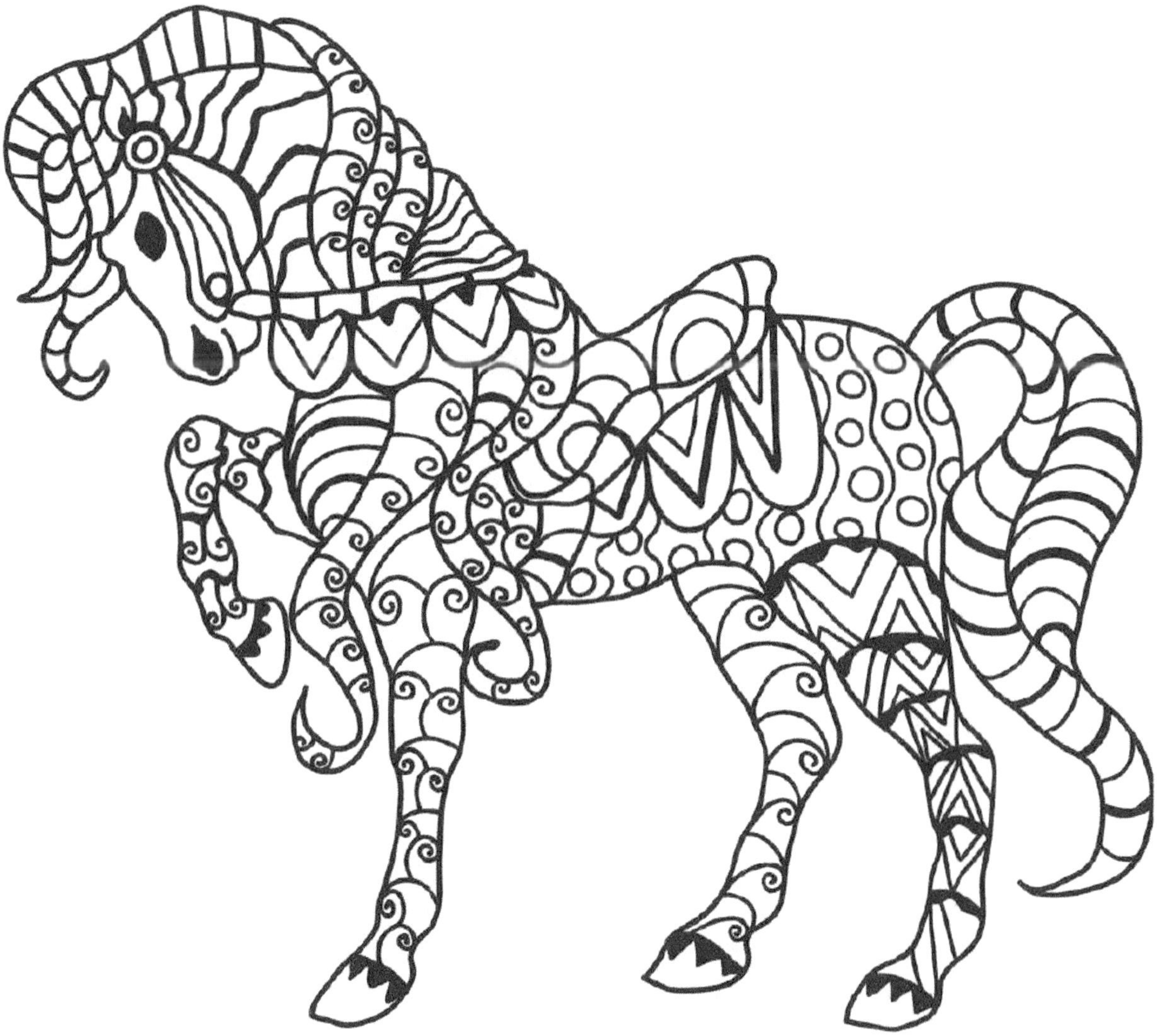

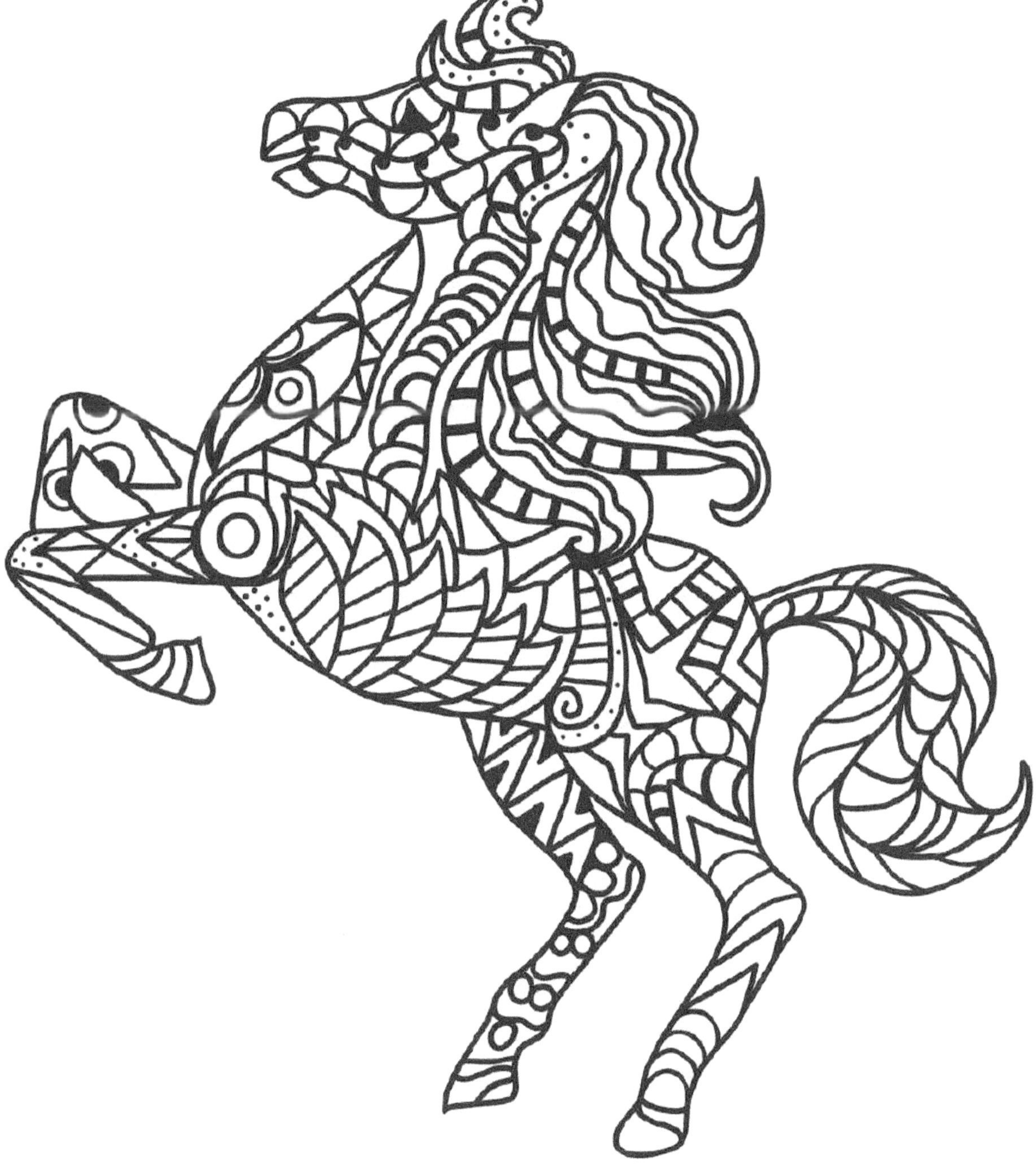

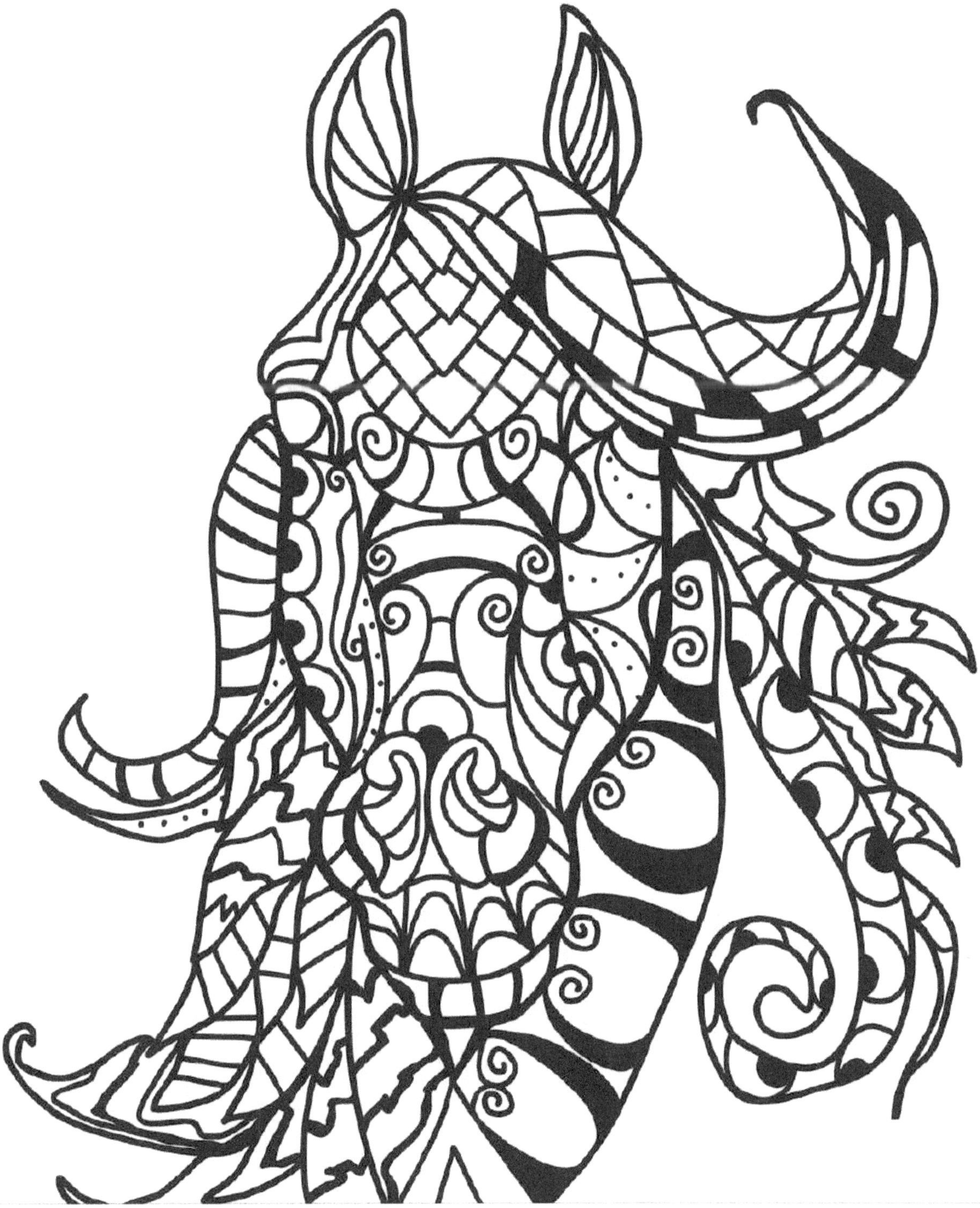

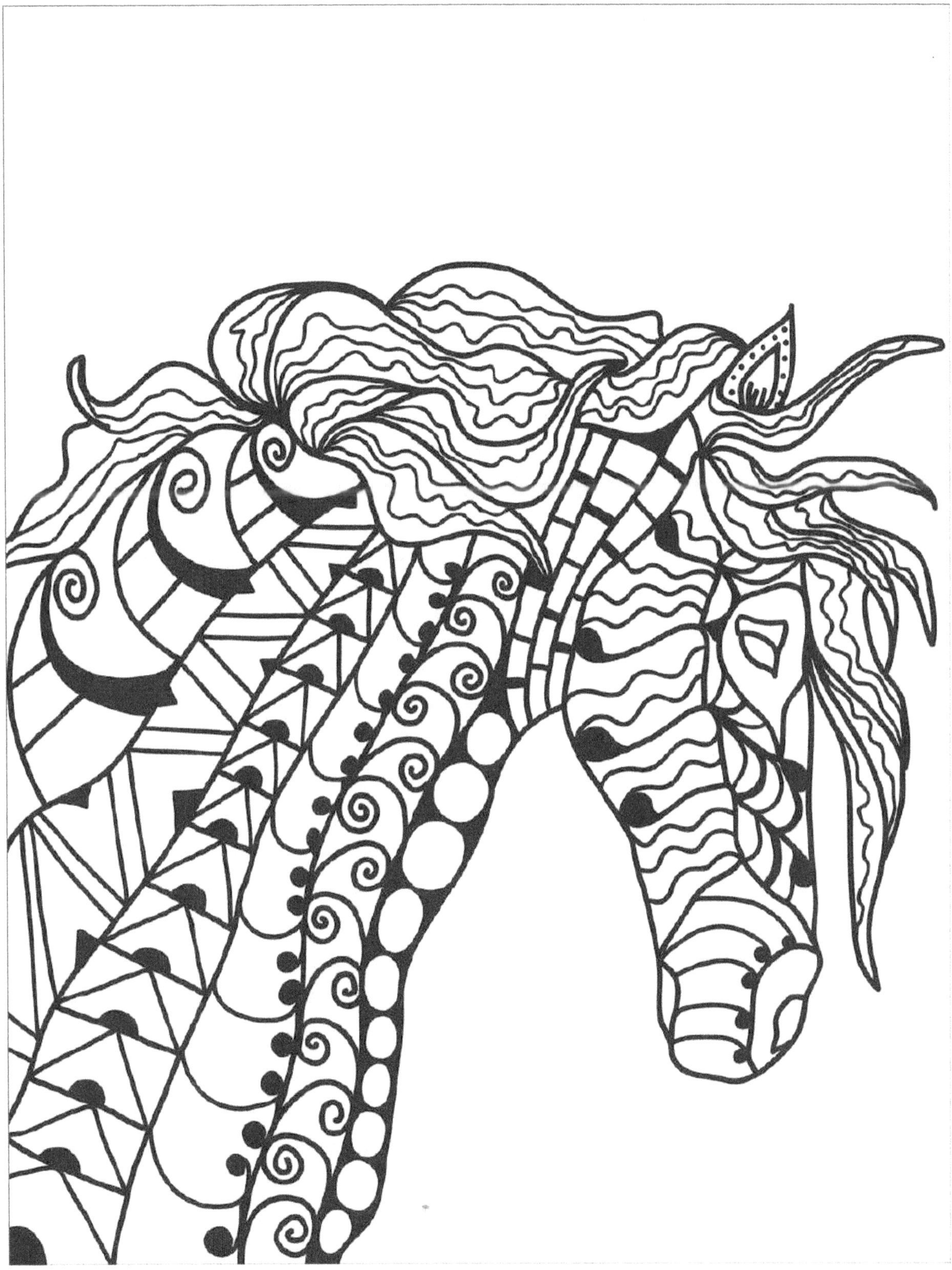

www.ingramcontent.com/pod-product-compliance
Lightning Source LLC
Chambersburg PA
CBHW081915120726
47996CB00010B/3343
9798677300912